この脳で生きる。

脳損傷のスズキさん、今日も全滅

鈴木大介 著
いのうえさきこ マンガ

公認心理師・臨床心理士
山口加代子 解説

世田谷公園前クリニック
一般社団法人日本脳損傷者ケアリング・コミュニティ学会 代表理事
長谷川 幹 解説

合同出版

はじめまして
鈴木大介
です
この本は
脳を損傷した
交通事故や
転倒などで
頭を傷つけた
脳出血や
脳梗塞を
起こした
脳の
手術を
受けた
一酸化炭素中毒
低酸素脳症
高《こう》次《じ》脳《のう》機《き》能《のう》障《しょう》害《がい》
と診断されている方
診断はされてないけど
以前とは
何かが違う
という違和感や困りごとを
抱えている方
そんな方々に
お送りする本です
実はボク自身も
41歳のとき（2015年）
脳梗塞を起こして
高次脳機能障害と
診断されました
パチパチ
パチパチ
カタカタ
カタカタ
カタカタ
当時のボクが
どんなだったかというと
高次脳機能障害？
妻です↓
ええ
事故で頭にケガをしたり
脳梗塞や脳出血で
脳神経細胞にダメージを
負うことで起きる
脳の認知機能の障害です

……パッと見
ぼんやりしてる
だけみたいですけど
まあ高次脳機能障害
としては比較的軽度です
麻痺も軽いので
日常生活レベルなら
心配ないでしょう!
ではっっ
だって
大ちゃん
おふあー
（おしゃー）
いうあぉ
おおっあえお
（死ぬかと思ったけど）
フンハー
あやう
あいいん
していおとに
おどうお〜〜
（早く退院して
仕事に戻るぞ!!）
——とか
思っていた日が
ボクにも
ありました
けれど
その後の生活は…
雑踏の中で
何をすればいいか
頭がまっしろ
コーチョク
ザワ
ザワ
ザワ
電話相手の
話の意味も
聴き取れない
?
?
?
ぱく
ぱく
日常生活の
あらゆるシーンで
玉砕レベルの挫折・
失敗の連続…
ラーメン
うまいだけで
大号泣
うおおおおお
このラーメン
うますぎ——
フツーのラーメンです…
うわー
どんびき
ラおっ
ラおっ
ラおっ

軽度って
なんじゃああ
あああ
あたり前の毎日を
生き抜くだけで
精いっぱい…
全滅じゃない
かああああああ
医療者のいう
大丈夫です
=ギリギリ家庭生活が
自力（介護なし）で送れます
これって当事者からすると
あとあと大問題！
高次脳機能障害とは
医療現場の人ですら
生活に戻った当事者の
その後をほとんど
想像できていない
「未開の障害」
大丈夫大丈夫
大丈夫って
……何が!?
他者から見ても
自分自身でも
理解困難な
「わかりづらい障害」
も――っ
ちゃんとしてよっ
ちゃんとって何!?
そして
とても
ゆっくりゆっくり
機能を回復していく
障害
うう…
フウ
フウ
フウ

ボクの場合
半年ぐらいは
混乱期
1年ぐらいで
何に失敗するのか
わかってきて
失敗の背景にある
障害特性を学び
工夫してクリアして
いくのは年単位
ピロリーン♪
そんな6年後の
ある日…
受信
ありがとうござい
は、請求書をお
よろしくお願い
どうぶつ出版
ううっ…
Ⓐ
請求書…
どこに何を書けば
いいのかわかり
づらい…
カチ…
カチ…
カチ
カチ
う〜〜〜
出版社は請求書決済じゃないのでもともと慣れてないの…
ようやくポストに投かん後
どーん…
From どうぶつ出版
税率表示が
間違ってます
Ⓐに戻って再投かん
ぎえー
From どうぶつ出版
ご指定いただいた
銀行の支店名が
存在しないそうです
Ⓐに戻って再々投かん
むぎゃー
その口座番号は
存在しないそうです
……。
Ⓐに戻って…
ハアッ
ハアッ
ハアッ
POST
請求書ひとつ書くのに
この惨劇&一週間仕事
……………
死んだ…
どさっ…
POST
コトッ…
実話です（汗）
え――？
でも本は
書けるんです
よね――？
7冊も！
ヤいの
しかもなんか
難しげ〜
ワー
こんな
こ難しい本
書けるのに
請求書書けない人
なんているんです
かー？
ワー
ヤいの

いるんです!!
ここにっっ
文章は書けますがそれ以外がほとんど人並みにできません
高次脳機能障害…だっけ?
でもフツーじゃん?
ていうか本書けるのに認知障害とかどういうこと?
わかんねー
ピキーン
麻痺が出る部位より高次脳機能障害が出る部位の方が大きいと言われています
…ということは、脳に何かダメージがあれば発症の可能性がある!
けれどとてもわかりづらい障害のため重い症状がない場合医療に見逃されてしまうことも少なくなく
なんで…
どうして…
ワイワイ
アハハハ
キャッキャッ
ワハハ
ガヤガヤ
軽度でなんとか日常生活や仕事に戻れる当事者には支援制度も整っていないのが現状です
障害によって起きる不自由は人によって大きく違いますが
この本ではボク自身とこれまで会ってきた、当事者たちの病後にできなくなったあらゆることをできるだけわかりやすく紹介していきます
文章書くのはできる!

はじめに

事故でも病気でも手術でも、どんな理由であれ脳に何らかのダメージがあった際に起きるのが、高次脳機能障害です。

漫画に描いたように、身体に麻痺がなくても発症しますし、逆に身体の重い障害や、失語症など見てすぐわかる程度の重い障害を持っている人でも、よくよく話を聞いてみると本書に描くような軽度の（見えづらい）高次脳機能障害が見逃されていたり、それによる不自由を理解してもらえないことの方が苦しさの中心だという方も、少なくありません。

発症前にどんなことがどの程度できた人なのかを一番知っているのは、何よりご本人やご家族ですが、医療者や支援職は発症前のことを知りません。これも軽度の高次脳機能障害が見過ごされてしまう理由の一つで、軽度であっても日常生活のあらゆるシーンで「発症前通り」を実現できないことで苦しむのが、この障害でもあります。

発症前に送っていた日常生活に戻って生活をし続けることが何よりのリハビリテーションですが、たとえ軽度であっても自分ができなくなっていることにまったく気づかずに日常生活や仕事に戻ると、ときに取り返しがつかない失敗をしてしまったり、人間関係が壊れかねない。結果として、家族崩壊や職を失う方も少なくありません。

本書は、そんな悲劇が少しでも減るように、高次脳機能障害の当事者であるぼくと、お連れ合いが高次脳機能障害の当事者さんである漫画家のいのうえさきこさんが一緒になって作りました。脳に何らかのダメージを負ったあとの当事者やそのご家族、また当事者に接する機会のあるあらゆる方々に、お手に取っていただきたく思います。

なお、この本でとりあげた例の多くはあくまでぼく個人の経験した不自由が中心です。この障害はダメージを受けた脳の部位や範囲、ご本人の発症前の得手不得手や性格、発症前後の周辺の環境などによって、どのように不自由が出るか千差万別の障害です。

その一方で、共通することの多い不自由もありますので、あくまでいち当事者のケースであることを念頭に、これまで意識されていなかった不自由に気づいたり、周囲の方に伝えるためのツールとしても、お使いくださればと幸いです。

また、ぼく自身も当事者になってしばらくの間は3行の文章を読むことも困難でしたし、漫画もページをめくると前のページで読んだ内容を覚えていないという状況でもありました。主に言語をつかさどる左側の脳にダメージのある方は、そもそも文字を読むことが困難になることもありますので、ご本人だけでなく、ご家族や身近な方と一緒にお読みいただいたり、当事者への読み聞かせにお使いください。

２０２３年７月10日　鈴木大介

解説者から一言

スズキさんの症状はすべての高次脳機能障害の当事者の方に生じるわけではありません。

しかし、「スズキさんと自分は違う」と思っている当事者の方も、この本を読むと「ここは同じだ」とご自身の生活上の困難の背景がくっきり見えてくるかもしれません。

また、ご家族の方にとってこの本は当事者の行動の背景を理解する手がかりになります。情報をうまく処理できないという高次脳機能障害の特徴について「なるほど！」と思われるでしょう。私は高次脳機能障害の方を支援してきた臨床心理士として解説させていただきます。

山口《やまぐち》加《か》代《よ》子《こ》

公認心理師・臨床心理士

長谷川《はせがわ》　幹《みき》

世田谷公園前クリニック
一般社団法人 日本脳損傷者ケアリング・コミュニティ学会代表理事

スズキさんは入院中から執筆活動をされています。ライターとして自己の症状の分析が鋭く、ここまで詳細に説明されるのか、と学ぶことがありました。

しかし、数カ月で退院されてからは、日常的に困惑する場面などが年単位で続いています。このような経過から、自らを軽度と言われますが、私は中等度ではないかと考えています。医師として、高次脳機能障害全体からみたスズキさんの個々の症状を説明していきたいと思います。

この脳で生きる
脳損傷のスズキさん、今日も全滅

目次

PART 3

日常生活、困ってます

PART 4

お仕事編　できると思って大玉砕

PART 5

業務継続の中で起きてくる困りごと編

PART 1

高次脳機能障害に共通の症状って？

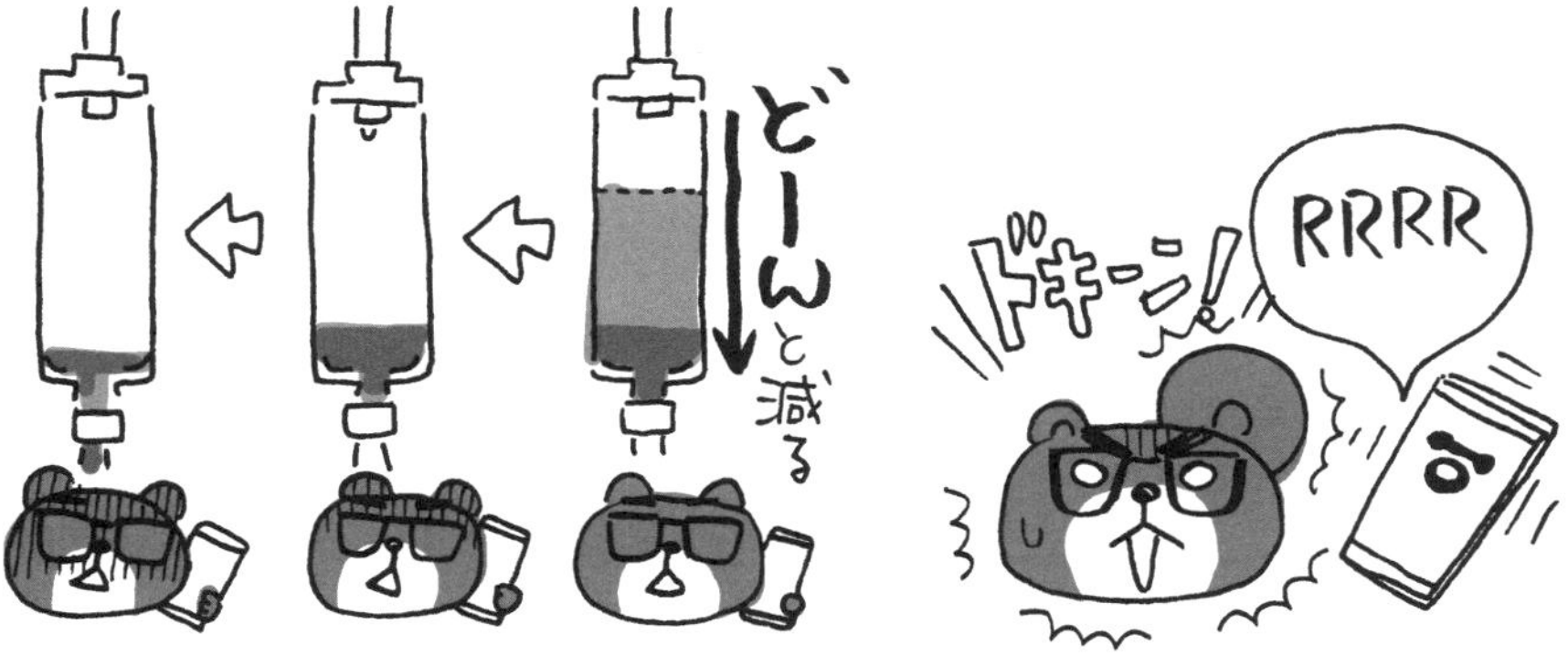

「ひとりとして同じ症状の人はいない」「だから理解が難しい」と言われる高次脳機能障害ですが、当事者として「ベースとなる認知機能障害」については、あまり差がないのでは？　と感じます。

これは、例えば足をケガしている人々にとって「足を触ると痛い」という症状は共通なのに対し、それほど移動しない人と毎日坂道を歩く必要がある人、発症前からたくさん歩く訓練をしていた人とそうでない人、歩くのが大好きな人ときらいな人とでは、痛みの度合いや不自由感の出方が違ってくることに置き換えられます。ではまず、その代表的な症状について、その「痛い」とは我々当事者にとってどのように感じられるものなのでしょうか？

01 世の中のすべてが高速で、ついていけない（情報処理速度の低下）

脳梗塞を起こした直後、入院中のぼくが初めに違和感を持ったのは、自分以外の周囲の世界がものすごく早回しで、自分だけが遅くてついていけないという、スピード感のギャップでした。

例えば看護師さんによる毎朝の検温で、ベッドを仕切るカーテンをジャッと開けられるたびに、ぼくの心は千々に乱れました。「スズキさーん！」という声かけとカーテンが開けられるタイミングがほとんど同時で、その瞬間自分が運転している車の前に子どもが飛び出してきたぐらいに、ドキッとしてしまうのです。別にカーテンの中でいかがわしいことをしているわけでもないけれど、**心の準備が間に合わない。どうリアクションすればいいのか、考えるのが間に合わない。**心拍数は上がり、緊張し、焦ることで、看護師さんのかける矢継ぎ早の早口の言葉にも返事ができず、ますますしどろもどろになってしまいます。

結局、看護師さんが何かを言ってその場を去っても、頭の中には何も残っていないのでした。

ナースセンターで何かを頼もうとしても、看護師さんたちはものすごい速度で忙しそうに立ち働いたり話したりしていて、声をかけるタイミングがつかめません。

看護師さんが早い!

声をかけるタイミングがつかめない

（誰か見てくれないかな。向こうから声をかけてくれないかな。手を止めて目を合わせてくれれば、話しかけられるのにな……。）そう思っていると、他の人が先に看護師さんに声をかけてしまいます。頭の思考がゆっくりで、その場の状況を把握して「どこにいればナースセンターに用があって並んでいるように見えるのか」の判断すら間に合わないのです。

そしていざ、やっと看護師さんと話せても、看護師さんはたいてい早口。聞き返しをされてもその速度がまた速すぎて、ピンタで返されているようで、とても即答などできず、しどろもどろになるしかありませんでした。

これは高次脳機能障害の基底的な障害特性である**「脳の情報処理速度の低下」**の症状ですが、当事者の感覚としては周囲の世界のすべてが異常に速いスピードで動いていて、自分だけがスローモーションの世界に生きているような、猛烈な違和感を伴うもの。初めはとにかくそのわけのわからない違和感に戸惑います。

とにかく、目に入るもの、耳に聞こえてくること、動くもの、周囲の当たり前の一般社会がすべて高速度で動いていて、まったくついていけない。それは、今まで歩道を歩いていたはずなのに、**いきなり高速道路の中央車線に置いてけぼり**にされたような、そのぐらいの猛烈な速度差なのです。

さらに問題は、周囲に自分を合わせようと焦れば焦るほど、どうしようどうしようと頭の中で対策を必死に考えるほど、**いっそう周囲との速度差が広がる**ように感じること。そして当事者が、思わず発症前通り＝かつて周囲と同じスピードで生きていられていたときの感覚で思考や行動をしようとすると、あらゆることがちぐはぐでうまくいかなくなることです。

残念なことに、本人の脳は必死に周囲の情報速度に対応しようと努力していても、**周囲から見れば「ぼんやりしてるだけ」**のため、なかなか理解してもらうことも困難。この症状そのものは時間をかけて緩和をしていきますし、徐々に「自分ができると思う情報処理速度」と「実際に可能な情報処理速度」の差は縮まっていきますが、何より**「発症前の自分とのギャップ」に慣れるまでが**、当事者にとってもっともしんどい時期です。

02 突然脳がいっさい動かなくなる（易疲労）

高次脳機能障害の当事者は「疲れやすくなる（医療用語では易疲労《いひろう》と呼ばれる症状）」といわれますが、実はその疲れ、健常者が知っているものとは、まるで別物です。

例えば当事者は**疲れてくると、会話ができなくなります**。相手の言葉を理解しようにも、それが日本語だとわかっているのに意味が頭に入ってこないのです。文字を読もうとしても、やはり書かれている単語の意味はわかっても、意味のある文章としてつかみ取ることができません。自分から話そうとしても頭の中に**なかなか言葉が出てこないし、文章として脳内でまとめることもできない**。

眠いわけじゃない。身体も疲れていない。にもかかわらず、頭が重くもやがかかったようにどんよりし、全身にうまく力が入らないような感じでもあり、どんなに気合を入れて集中しようとも頑張ろうとも、聞く・見る・考える・話す・書く・読む、ありとあらゆる脳の情報処理機能がダダ落ちして、その状況から脳を立て直せない！

あまりにも未経験の状況に、特に発症から日の浅い当事者は、この状態を「**脳が疲れたから」という ことと結びつけることすら困難**です。しかも問題は、その状況が、前兆を感じるまでもなく発作的

とある打ち合わせ
スズキさんにお願いしたいのはまず道具の準備と
ふんふん
ペラ
そんなワケで――
それとあれと
――で
ペラ
ペラ
なんか…頭が重い…
――ん？
それと―あれで―
ペラ
ペラ
ぼわん…
なっ…………なんじゃこれは…？
ぎゅっ…
ペラペラペラペラペラ
ぱちん
ということになってスズキさん次の豺♀縺ョ課題後「隠ィ鬘繧？▲縺縺せせ隠○○○○○○○○○○○○○○○○○
ペラ
ペラ
何を言って？…いるの…？
手も★を見てく×さい
？
だから――手も★を見てく×さい
てもと…
はっ
手元の資料!?
日時 年 8月
注意点 セミナー 資料 ない も
電源 WiFi 環 場所 ございます
何これ
え
な
も
よめ
ぜんぜん読めないし言葉も出ない…
まっ白…
もうなにもわからない
え？
あの…
スズキさん!?
これが当事者の「疲れる」です

に訪れること。ちょっと集中して人の話を聞こうとしたり、申請書類に必要な項目を記入するといった**頭を使う作業をすると「驚くほど短時間」で「突然スイッチを切ったように」、いきなり何も考えられなくなってしまう。**言葉は詰まり、唇は震え、表情も固まってしまい……。

この症状、「疲れやすくなる」というからわかりづらいのであって、「何もできなくなる」と表現した方が的確なように感じます。もし疲れという表現を使うならば、元々あった脳のエネルギー（認知資源）が減るという減算式の考え方をベースにすると、当事者感覚に一致するのではないでしょうか。

認知資源とは、心理学分野で使われる概念ですが、本書では「脳があらゆる情報処理活動に使うためのエネルギー」を表す用語として使っています。認知資源を点滴にたとえると、左のイラストのような感じです。

上の輸液パックは、**一日に使える認知資源の量**で、主に寝ている間にチャージされる。下の輸液チャンバーは、**短時間に一気に使える量**（100メートル全力疾走で使い切るエネルギーのようなイメージ）で、上のパックからチャンバーには一定量で認知資源が滴下しています。このパック、チャンバー、滴下量の**すべてが極小**になってしまうのが、当事者感覚です。

ぼく自身、受傷から2～3カ月の間は、**目を覚まして身の回りの目に見えるもの、耳に入る音といった「環境情報」を無意識に処理しているだけでも、このチャンバーに滴下する分の認知資源を使い切ってしまう**ような状況でした。たんに「疲れやすい」の言葉だけでは片づけられない、それはとても大きな不自由感と苦しさを伴う症状なのです。

当事者の「疲れ」は減算式でイメージするとわかりやすい？

点滴と人をつなぐ中間にある輸液チャンバーにたまっている分は、人が短期間に集中して一気に使える認知資源の量です。

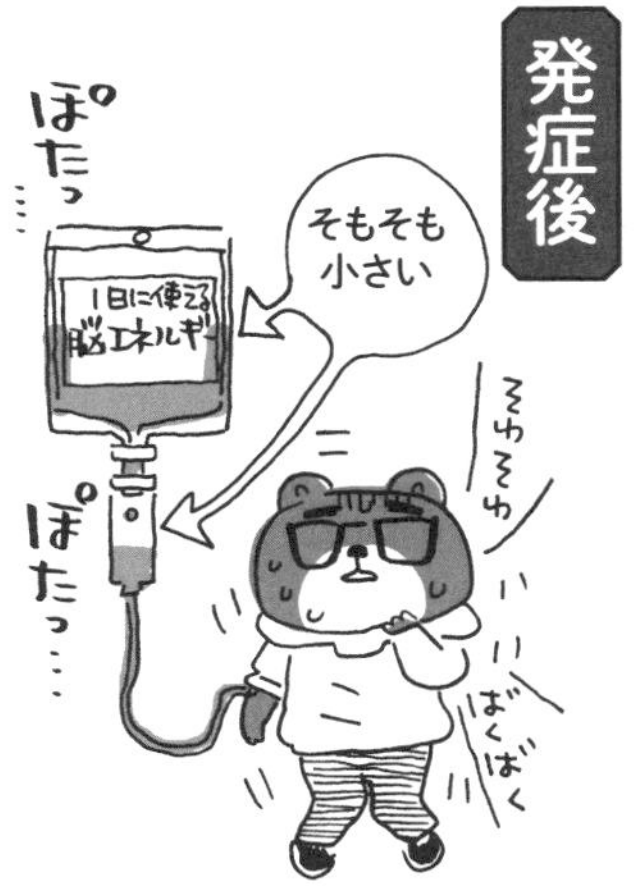

高次脳機能障害の当事者は、パックもチャンバーも激減し、認知資源が滴下するスピードもすごくゆっくり。

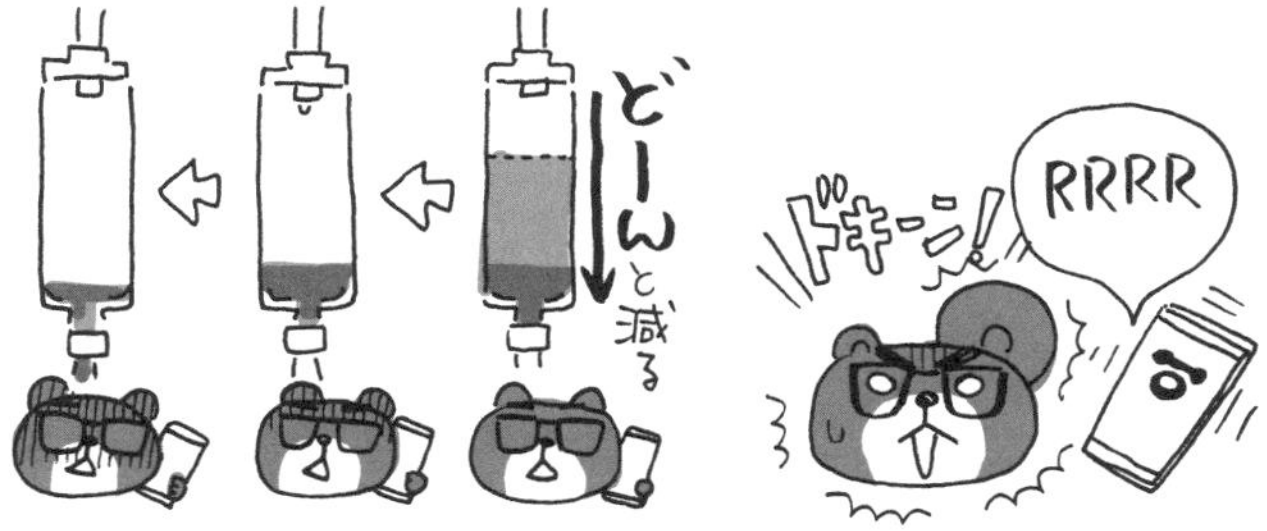

少し難しい思考をする、周囲の環境が変わる、大きな音や強い光が入ってくるだけでも、チャンバー内の認知資源が一気にギューン！　と枯渇して何もできなくなる。

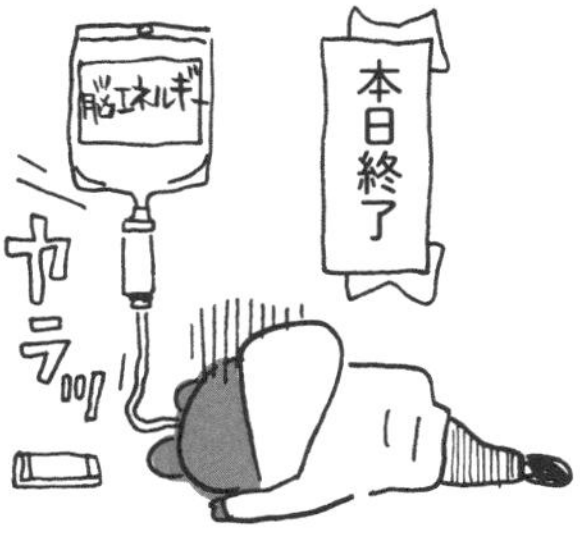

特に頭を使うことをしていなくても一日の中盤で認知資源が枯渇して、あとは仮眠などをとらないと、ぼんやりまとまらない頭で過ごすほかありません。

易疲労はなぜ見逃されるの？

山口　疲れやすさ、つまり易疲労性は2001年に実施された高次脳機能障害モデル事業で策定された行政基準には記載されていませんが、多くの当事者は長期にわたって易疲労性によって不自由さを感じています。社会生活、とりわけ就労について大きな影響を与えることが、モデル事業当時はあまり知られていなかったと思います。

長谷川　医師の立場から考えると、仕事までの関わりがあまりなかったから、易疲労が見逃されてしまったのかもしれません。

山口　高次脳機能障害支援モデル事業は、それまで、就労年齢の高次脳機能障害の方が若年性認知症と呼ばれて、福祉制度や生活訓練などのサービスも何もないという実態を改善するために実施されました。全国から18歳以上65歳未満の高次脳機能障害の方たち、約8割が交通事故などによる外傷性脳損傷の方で、平均年齢は33歳の症例が集まりました。その症例をもとに行政的な診断基準が策定されたわけですが、そこから20年経った今、易疲労性に注目する必要があると思います。

長谷川　あともう一つ気づかれにくい理由として、易疲労は周囲から見ると「怠けている」「意欲がない」と誤解されがちだということも大きいです。

いろいろなタイプの人が社会に出てきて仕事に就いたり、社会的に認知されたことが大きいです。例えば家の中にいればゴロゴロしてるぐらいで誰の目にも触れず終わってしまう人が、仕事となるとしっかり働けよ……と会社から思われるのが顕在化するきっかけだったように思います。

鈴木　かつてに比べると、高次脳機能障害の当事者が就労する道が開けてきたことで顕在化したと？

山口　モデル事業がその道のりを作ったのは確かです。モデル事業から支援普及事業に引き継がれ、自立支援や就労支援事業が一般事業化され、高次脳機能障害の方の就労率は、モデル事業開始当時に比べれば確実に上がっています。障害者雇用率が上がったこともあると思います。

長谷川　その結果、易疲労の問題が表に出てきたんでしょうね。

山口　対面する時間が短い医療者が、当事者の易疲労に気づきにくいのは当たり前かもしれません。例えば理学療法士（PT）でも作業療法士（OT）でも40分リハビリする時間は、当事者が精いっぱい頑張っているという時間で、休んでいる状態は見えにくいんですね。あと易疲労は身体の疲れと感じ方が違うので、当事者も「疲れた」という表現にはなりにくいように思います。

鈴木　たしかに、健常者の疲れとは、あまりにも別物なんですよね。

　いきなりスイッチが切れて、そこからさらに考えをまとめようとすると、混乱してパニックや過換気の発作など易疲労のつらい症状が出てしまいます。逆に「ぼんやりしちゃったらもう仕事はそこで終わり」と割り切れる人は、易疲労の症状を不自由に感じてなかったり、気づきにくいようです。スイッチオフの状況からさらに頑張ろうとしなければ、あまり苦しさを伴わないからでしょうね。

山口　易疲労に気づいていない当事者さんはすごく多いなと思います。就労を目指している人は特に、就労を継続するために易疲労に気づけるための支援が必要だと思います。

03 耳からも目からも情報が強制侵入（注意障害）

頭の中で何か考えごとをまとめようと集中しているのに、視界の片隅に入る貧乏ゆすりをしている人の足の動きが気になって、まったく考えがまとまらない……。こうした「気が散る」という経験は、健常者にもあることでしょう。

注意力や集中力とは、周囲にたくさんある無駄な情報の中から、目にする特定のもの、耳にする特定の音、頭の中の思考や記憶など、「ひとつの特定の対象（情報）」に限定して脳の情報処理を行う力のこと。けれど、この情報処理の能力が失われる＝注意障害の当事者感覚とは、「気が散りやすくなる」なんて簡単な言葉で表現できるものでは、けっしてありません。

例えば雑音の多いカフェの中で、対話相手の声だけを上手に聞きとり続けるといったシーンでは、**どれだけ頑張って相手の言葉に集中しようとしても、それが持続できるのはほんの数分単位という短時間。**注意を向けることを「掃除機のホースを向けて情報を吸いとる」と例えるなら、ホースの先がぐらぐらでなかなか対話相手にだけ向けることができず、周りの余計なものを吸い取ってしまったり、すぐに掃除機の吸引力が衰えてしまうような感じなのです。

KUMA CAFE
〜でさ
〜〜〜でさ
〜で
集中 集中
フンフン
KUMA CAFE
同席者の話
BGM
他の客のおしゃべり
街の雑踏音
信号の機械音
KUMA CAFE
苦手
女のくせにその言い方なくない？
不快
ねーねー
！
KUMA CAFE
ちょっと人の話聞いてる!?
う…うん…
くどくどくどくど
ねちねち
くどくど
完全固定!　なぜ!?

ところがそうこうするうちに、想定外の事態が起きます。

相手の言葉だけに注意を持続できなくなると同時に、なんと今度は**あらゆる不要な情報が「脳に強制侵入」してくる**のです。周囲のあらゆる音、あらゆる動くもの、色や光や、身体に感じる振動といった情報が、その情報に「意味があるかないかを問わず」、脳に強制侵入。掃除機のスイッチはもう切っているのに、全方向からの吸引が止まらない！　止められない！　もう目をギュッとつむって耳を両手でふさいで、外界の何もかもをシャットアウトしたい状況です。

そしてここでさらに厄介なのは、こうして強制侵入してくる全情報の中から、なぜか「不快」とか「苦手」の感情を伴う情報（例えば遠くの席にいる耳障りな声質の人とか、近くにいる人の不愉快に感じた一言などなど）に、ピンポイントで掃除機のホースが向き、全力で吸引を始めてしまうことです。もう、意味がわかりません。不快だから聞きたくない、考えたくない。そう思っても、一度その不要な情報に向かった掃除機ホースは**完全固定され、強力接着剤でしっかりくっつけられてしまったように、**自力では引きはがせないのです。

必要な情報だけに注意を向け続けられない。かと思えば全部が強制侵入。ダメ押しに不要で不快な情報が強制侵入を始めると、今度はそこにピンポイントで注意がロックされて、自力では解除できない……。やはりこれらの症状を、「気が散りやすい」のひとことで表現してほしくない。当事者の感じるのは、自分で自分をコントロールできない、異様な不自由感です。

注意障害による情報処理の自爆現象

本来注意を向けるべき情報には注意が向かない・向け続けることができないのに、不要な情報のすべてが頭に強制侵入してくるという注意障害の症状。そんな症状を抱える当事者の中で起きるのは、「自爆現象」とも言えるような、異様な症状です。

人が集中して注意を向けるターゲットとなる情報は、耳から入る聴覚情報、目から入る視覚情報に加え、臭いや肌の触感などの五感、さらには脳内の思考や感情や記憶の引き出し、いわゆる内語《ないご》（心の中の言葉）までを含みます。ところが当事者の中では、必死に見よう、読もうとしていることが「聞こえてくる」ことに邪魔されたり、必死に聞きとろうとしている言葉が「目に入るもの」「ふと頭に思い浮かんだ記憶や感情」によって邪魔されてしまう。つまり、自分自身の情報処理が自分自身の情報処理と互いに妨害し合う＝「自爆状態」が常時続いているのが、当事者というわけです。

そんな状況の中で、ぼく自身がもっとも不自由感を感じたのは、頭の中で何か考えに集中しようとしても、様々な妨害的な情報によって、本来考えたいことが頭の中でいっさいまとまらないこと。そのせいで、その場で考えて対処しなければならないことの多くができなくなってしまうことでした。そして、その状況を自分で制御できない、混乱を止められない、何も動けない。そうした不可能感の強さこそが、ぼくは注意障害の本質だと考えています。

なお、このいっさいの考えが頭の中でまとまらなくなる状況は、22ページで説明した認知資源（脳のエネルギー）をものすごい勢いで消耗するため、最終的に認知資源が枯渇した状況でも周囲から強制的に脳に侵入してくる情報の嵐や、まとまらないくせに止まってくれない自身の思考が続くことで、ぼく自身は最終的に過換気呼吸の発作にまで追い込まれることが何度もありました（73ページ参照）。

はたから見ていれば、雑踏などの情報量の多い場所にいるだけで、ぼんやりしていた当事者がいきなり呼吸も荒くしゃがみ込んでしまうというのは理解し難い状況かと思います。が、当事者の脳内ではこれほどまでに激しい混乱があること、健常者にとって何ごとでもないような場面でも「そこにいるだけで精いっぱい」なのが当事者の脳であることを、理解してくださったらありがたく思います。【鈴木】

04 忘れっぽくなる、ではなく「頭の中身が一瞬で消える」（作業記憶の低下）

高次脳機能障害は「忘れっぽくなる」（作業記憶が低下する）と言われますが、それはやはり単に忘れっぽいという健常者の忘れやすさとはまったく違い、「記憶が凄まじい速さで消える」「瞬間で飛ぶ」といったレベルの不自由感を伴うものです。

この記憶力が低下する感覚は、脳内にちょっとした記憶を書き留めておくためのまっしろな画用紙があると想像してもらえればわかりやすいのではないかと思います。健常者の脳では、書き留めるペンのインクが、書いたときから徐々に長時間かけて消えていく印象。例えば今日買い物に行って買う物を画用紙に書いたら、買い物をするまではインクは消えないけど、翌日や翌週には消えています。

ところが高次脳機能障害の脳では、このペンのインクが書いた先からどんどん消えていくのです。それこそ「あいうえお」と書いたつもりが、書き終わったときには最後の「お」しか画用紙に残っていなくて、一息ついたら何も残っていないというぐらいの消えっぷり！

覚えておけないのは26ページの注意障害同様に、目から入る視覚情報、耳から入る聴覚情報や、脳内の思考情報などなどに及びますから、こうなると、単に「忘れっぽい」という言葉からは想像がで

耳からの情報が残らない

目からの情報が残らない

きないほど、日常生活のあらゆることで問題が発生します。

購買のレジで店員が言った**支払額（聴覚情報）も覚えていられません**し、レジ機に**表示された値段（視覚情報）もまた、覚えていられません。**名刺や申込用紙等に書かれた電話番号をスマホに打ち込むまでに忘れてしまうので、**初めてかける電話は高確率で間違い電話。**人から聞いたことをメモしようにも、メモを用意したりペンを出したりしている間に聞いたことの記憶が消え、もう一度聞き返さなければならなかったり、**間違えたことを書いてしまって後にトラブルに**なったりもします。

健常者でもよくある「ふと自分が何をしようとしていたのかわからなくなる」「自分で何を言おうとしていたかわからなくなる」「いま頭に思いうかんだばかりのアイディアが思い出せん」なんてものが、24時間常時発生のレベル。**日常のあらゆるシーンで、立ちすくまざるをえなかったり、同じところをぐるぐる回るような日々**が続きます。

つくづく人の当たり前の日常とは、記憶の上に成立するものです。まさか「忘れっぽい」の一言で言い表されている症状でこれほど全方面で日常生活が壊滅するとは、発症前だったころには考えもしませんでした。

思考情報が残らない

あ
財布忘れた
カギカギ…
ガサゴソ
何しに戻って
きたんだっけ
…？
……。
ああ！
財布だ
財布!!
財布
財布
財布
財布
財布
カギカギ
って…
ガサゴソ
私は
何しに戻って
きたの…？
どーーん…
以下
繰り返し

05 人生未経験の巨大サイズの感情!!（脱抑制）

「スズキさん、車がなくても死なないでしょう〜」

回復期病棟にて、回診にきた医師に投げかけられたこの言葉に、怒りでぼくの脳内はまっしろになりました。入院中に心配していることがあるか聞かれて、「数カ月後に迫っている免許の更新はできますか？」と返したあとのことです。

我が家は田舎で車がないとコンビニにも行けない立地で、車やバイクでの移動が前提で仕事をしています。運転が困難なら、運転を継続するためのリハビリはないのか。継続可能なら医師が診断書などを書いてくれるはずだけど、その手続きはどうすればいいのか？　自分の状況を説明したいし、聞きたいことだってたくさんあるのに、上手に言葉が出てこない。

だいたい「死なないでしょう〜」って、患者の相談に対する答えとしてどうなの⁉

医師が病室を去ったあと、ぼくは胸いっぱいに込み上げてくる猛烈な怒りで、自分でも何が起こっているのかわからなくなりました。だって胸に湧き上がる怒りは、**「病院のガラス窓を全部叩き割った上で窓から飛び降りてしまいたい」みたいな規格外の破壊衝動**なのです。

未経験サイズの激怒

もちろんそんなことをするわけにはいかないから我慢しますが、もう手はこぶしを握ってブルブル震えるし、歯を噛みしめて顔中の筋肉が真ん中に集まるような「いーっ!!」とした表情になってしまいます。

いや、医師もひどいけど、落ち着いて聞けばいい話。にもかかわらず、どうしてこれほど腹が立つの?? こんな怒りの感情サイズは、人生でほぼ未経験のもの。**あまりに未経験すぎて、それが怒りなのか、それとも自分がおかしくなってしまったのか、自身でわからなくなるほど**でした。

感情の脱抑制（易怒性《いどせい》・感情失禁）等と呼ばれるこの症状は、高次脳機能障害の症状を解説する冊子などでは「怒りっぽくなる」「泣きやすくなる」「我慢がきかなくなる」などと書かれていますが、当事者の感覚としては**発症前ならほんの小さな感情しか起きなかったできごとで、あらゆる感情のサイズが50倍にも100倍にもなってしまう**といった方が、腑に落ちます。

ポジティブな感情についても、日常のちょっとありがたいことやうれしいことでも、いきなりボタボタと滴り落ちるほどに涙があふれ出てくる。ちょっと面白いことがあれば顔を真っ赤にして大汗かくまで笑ってしまうし、笑ってはいけない場でも顔がにやけるのを抑えるのに必死で、変顔になってしまう。なんでこんな小さなことで、こんなとんでもないサイズの感情が生まれてしまうのだろう？　そう戸惑う日々が続きますが、問題は泣いたり笑ったりという感情の「あふれ方」が社会的に許される反応である一方、**怒りや苛立ちの感情についてはそれが許されない**ことです。

何しろ怒りの感情があふれたときの行動とは、「怒鳴る」「物を壊す」「他者を殴る」といったもの。けれど当事者はそれが**許されないとわかっているからこそ、耐えて耐えて耐えまくります。**

感情の発生を車のエンジンに例えるなら、今まで軽自動車で暮らしていたのに、いきなりエンジンだけF1レーサーのエンジンに載せ替えられてしまったよう！　ちょっとアクセルを踏むととんでもないパワーで車は前に進みますが、ブレーキは軽自動車のままなので、全力でブレーキペダルを踏み続けても車が止まってくれないのです。

これほど感情の爆発を耐えている当事者に対して「わがままになった」「我慢ができなくなる」などと言われるのは、かなり心外なものがあります。

ニュートラル
カチン!!
!
元々はこれぐらいの反応が……
おまえ太ったな
どーん!!
巨大化!!
え!? なんでこんなささいなことでこのサイズに!?
楽
ハラいてー
ヒーッ
ヒャヒヒッヒ
ヒャハハハハ
フヘッ
フヒーッ
喜&哀
ウェッ ウェッ
ヴェッ
怒
なんでこんなささいなことで…
出しちゃダメ
ガマン
怒っちゃダメ
怖ーい
なんであんなにワガママになっちゃったの…
こんなにガマンしてるのに……
ヘトヘト…
破壊&暴言
DESTROY
社会的には許されないから耐えるしかない
あの人ヘン…
ヘトヘト…
変だけど、社会的には許される

易怒性について知ってほしいこと

易怒性は、問題行動（社会行動障害）の大きな要因であり、一緒に暮らす家族にとっても大きな問題です。当事者によっては、爆発的に怒ってしまった記憶が残らないケースもありますし、この症状は発症前にもあった怒りの感情がとてつもなく増大されている側面もあるため（つまり、元々怒らない事象に対しては増幅もしない・詳しくは88ページ）、「怒る理由を作る相手が悪い」と感じてしまい、大きなトラブルにつながってしまうケースも。結果としては自身の脱抑制の症状に気づきにくいわけで、周囲からすれば一層やっかいな症状です。

けれどここで、ご家族や支援職にどうしても知っていただきたいことが二つあります。

①自身の怒りやすい特性に気づき、それを必死に抑えようとしているケースも多いということ。

その場合、自分の中で湧き上がる怒りの感情をひたすら耐えている当事者は、まるで口の中に吐き出せない熱湯や劇物を含み続けているような「猛烈な苦痛」を感じています。身体に傷がつかなくても、リアルで強い痛みを伴う体験ですし、実際ぼく自身、病後にこのコントロールできない巨大な怒りを自分の中に抑え込んだときは、普段は薬でコントロールできているはずの血圧が一気に50以上も跳ね上がっていました。

これほどの苦痛に耐えに耐えて、それでもボロッとこぼれてしまった怒りに対して「わがまま」「我慢ができない人」と言われたら、やるせない気持ちです。

②万が一自分が怒りのコントロールに失敗してしまい、取り返しのつかない暴言を吐いてしまった場合、自分を責めてしまう自罰感情が止まらなくなってしまうケースがあるということ。

易怒の症状で当事者にとってもっともつらいのは、この自罰感情かもしれません。ぼくも病後に、何度か死にたいほどつらい思いをしましたが、一番強く「こんな自分ならいない方がいい、この世から消えてしまいたい」という強い希死念慮にとらわれたのは、怒りのコントロールに失敗して家族に対して取り返しのつかない暴言を吐いてしまったあとのことでした。

まるで「困った当事者」の代表的な特性としてとらえられがちな易怒性ですが、当事者の中にはこのような限界までの我慢、我慢できなかった場合の非常に深刻な自罰・自責の心理に陥るケースもあることを、どうか知っておいてください。【鈴木】

失われた機能の合わせ技

ここまでは脳損傷者における基底的な認知機能の障害について書きました
情報処理速度の低下
注意障害
感情の脱抑制
作業記憶
認知資源の減少
合わせ技
ここからそれら失われた機能の「合わせ技」で具体的にどんなシーンで不自由や苦しさを感じたかについて書きます
たとえば
病後のボクが何年間も苦しみ続けたことのひとつに「上手に話せない」という症状がありました
とにかくめちゃ話しづらいんです
え
でもスズキさんが脳梗塞起こしたのは右脳ですから言葉の問題は出ないハズですよ？
あ…
でも…
ほら見てココ
ね？
ペラ
ペラ
左脳
右脳
言語脳
イメージ脳
いわゆる「失語症」は言葉をつかさどる左半球の脳を損傷したときの症状ですから
ペラ
ペラ
現にスズキさんちゃんとしゃべれてるじゃないですか
ハッハッハー
いえ…
えと…

＊まれに左右の脳機能が逆転しているケースでは、右脳損傷で失語症になることも

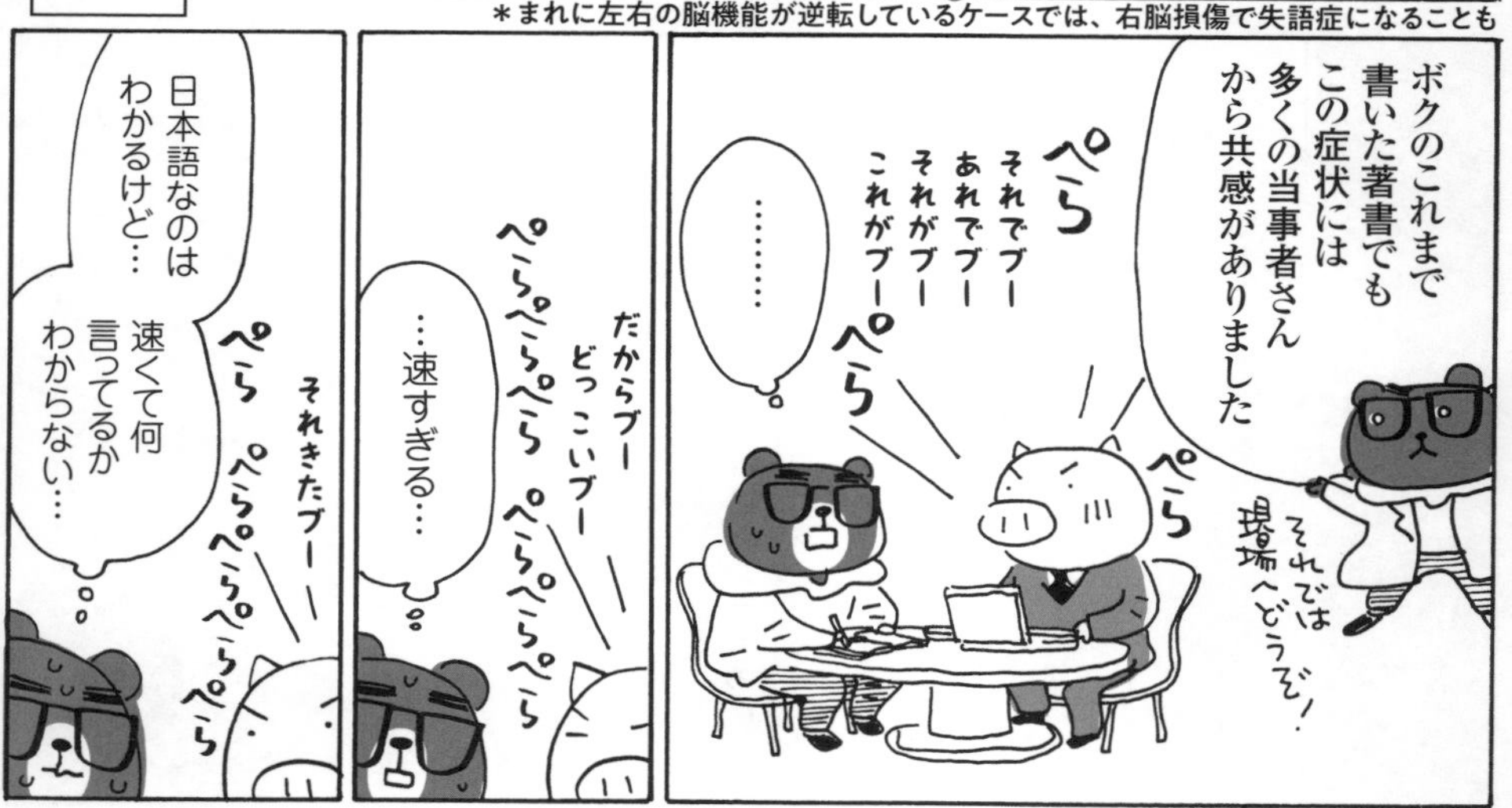

で…
スズキさんどう思う？
えっ…
なんか… な…
なんか…
しゃべれな…
言葉が… 出なくて…
ボソ…
え？
ぺら ぺら ぺら ぺら
なんでなんで？ しゃべれないって 今しゃべってるじゃん!?
いっ
いや… いや…
はあ？
しゃべれるんだ… けど…
しゃべれない…？
言葉のイミは理解できるし 話すのは不可能ではないけれど
うまく話せない
話すこと自体が難しく苦しい
これが失語症とは別の言葉の不自由
そこにあるのが「基本的な認知機能低下の合わせ技」なのです
では合わせ技とは？
情報入力のスピードが速すぎる
聞いたハシ、思いついた言葉のハシから忘れる
ガガガガガガガ…
不要な情報から注意がはがせない
BGMや周囲の話し声 カフェの騒音が入ってくる

つまりこれが合わせ技!!
人の話についていくだけで精いっぱいということが起こるのです
脳の情報処理速度の低下
作業記憶の低下
注意障害
ハァハァ
ゼェゼェ
そしてこの状態だと会話をするうえでとても大事なことが不可能に…
答えの準備ができないのっ
聞きとるだけでいっぱいいっぱいだから
話を必死で聞きとっている途中いきなり「どう思います?」とくるのが会話というもの
いやーおっそろしー
聞きつつ考える…
私はこう思います
聞くだけしかできない
どう思います?
しかもハシから忘れていく
雑音
やっぱりハシから忘れていく…
返事を考える…
えっとアレがそのつまり
ぐだぐだ
何言おうとしてたのボク!?
わーん
処理速度
再び現場です
で
スズキさんどう思う?
えっ
思考スタート
…
さっきまで聞いてた話の記憶なし…
……
サー…
BUT
「それは違う」という感情だけが残っている
な…なんか
もやもや

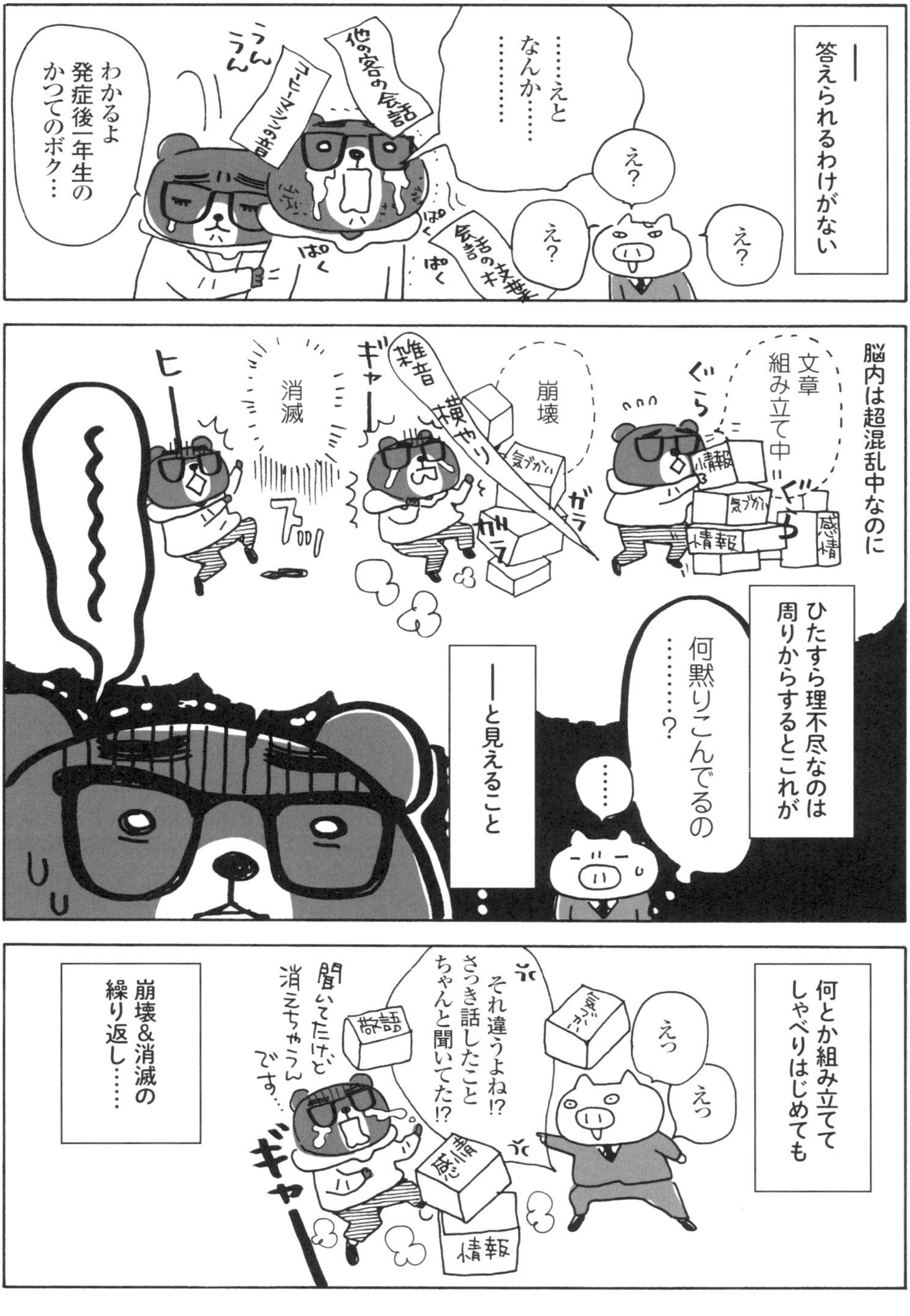
――答えられるわけがない
え？
え？
え？
……えと
なんか……
………
他の客の会話
コーヒーマシンの音
会話の支離
ぱく
ぱく
ぱく
ぱく
うん
うん
わかるよ
発症後一年生の
かつてのボク…
脳内は超混乱中なのに
文章
組み立て中
ぐら
情報
気づかい
感情
情報
崩壊
ガラ
ガラ
雑音
横やり
ギャー
消滅
ヒー
ひたすら理不尽なのは
周りからするとこれが
何黙りこんでるの
………？
……
――と見えること
何とか組み立てて
しゃべりはじめても
えっ
えっ
それ違うよね!?
さっき話したこと
ちゃんと聞いてた!?
気づかい
敬語
感情
情報
聞いてたけど
消えちゃうん
です…
ギャー
崩壊&消滅の
繰り返し……

とっちらかった脳内で思うのは
もうヤダー!!
情報処理速度の低下
作業記憶の低下
注意障害
こんなに苦しいならもう二度と話したくない…!!
提案
情報
不愉快
情報
ネタ
笑
代案
配慮
敬語
情報
ネタ
ネタ
そしてこんなに苦しいのにやっぱり人には
あれ？スズキさん？
何ボーッとしてんスか？
聞こえます？
おーーい
……
ボー!!!
ボーッとしてるように見えるので理解されにくい…
鈴木さ～ん!!
これが聞きとりも返答もまともにできなくなる「話しづらさ」の正体
脳の情報処理速度の低下
作業記憶の低下と
注意障害の合わせ技
なのでした

話しづらさ番外編その①
どう思う？
ねェねェ
ねえってばー
ねエねエねエ
ぽー…
……
はっ
病前知識
専門分野
今の返答にぴったりのノート発見!!
これなら読むだけでイケる!!
ぺらぺらぺら
えっ
いきなり…？
ひとたびノートを発見しちゃうともう言葉が止まらない
今の今まで話しづらいって言ってたのに……
なんかヤバい…
てかこの部分聞くの3回目よ…？
空気読んでほしい…
ぺらぺら
一方的にしゃべって一方的に落ち込んでるし…
ハアハア
ゼェゼェ
ずーん
変な話し方ってわかってるけど……
止められないんだよ――…

話しづらさ番外編その②
変顔棒読み現象
え
驚きの
えっ
あきれたの
え～
否定の
ええー
えーっと それは…
どれ？
えー
し
言葉に抑揚がつけられない「プロソディの喪失」が右脳損傷者にはあります
【プロソディ】言語学におけるアクセントやイントネーション
ぺら
ぺらぺらぺらぺら
ぺらぺらぺらぺら
ブン
ブン
わ～～ん 身体が勝手に動いちゃうー
なんか動き出した!?
ぺらぺらぺらぺらぺらぺら
ブン
ブン
ブン
顔がヘンになる～～～
今度は変顔!? きもい！
ぺらぺらぺら
…
これは脱抑制の合わせ技
感情のサイズと言葉で表す内容のギャップを身体が勝手に埋めようとしている…のかも
やっぱボク…しゃべれない…
は？
いやめっちゃしゃべってるし!!
これがボクたちの「話しづらさ」です
ここから「合わせ技」による不自由によって日常生活や仕事でどんな現象が起こるのでしょうか次章でふれていきます

失語症とは？

　人間の脳は左右で大きく役割が違います。右利きの人は、言語中枢は左脳にあり、言語中枢が損傷を受けると失語症になります。一般的に失語症は、重症度の差はありますが「聞く」「読む」「話す」「書く」の4つの機能が障害を受けます。日本語が外国語になったと想像すれば理解しやすいです。日常的には、「聞く」「話す」の場面が多いですが、あまり話ができないのに、言われたことにうなずいて理解したように思われる場合があります。実は、判断力は残っていて、周囲の状況判断から相手の話に相槌を打つことがいいと判断すればできます。その一方で、文章の細かい部分まではわからないことが少なくありません。

　また、単語が話せるくらいのとき、「リンゴ」を見て「みかん」と、「鉛筆」を見て「消しゴム」という場合があり、周囲の人は大いに戸惑います。この症状は「錯語《さくご》」と言って、その言葉に近い概念の違う言葉を言う場合があります。

　ただし、失語症の人は過去の記憶、判断力などは残っていますので、友人の名前は言えないのですが「○○さん」という敬称を使うべき相手だという認識はあります。そして、言葉と同様に「計算」も障害を受けます。【長谷川】

右脳損傷のコミュニケーション障害

　「言葉」は左脳が司っていますが、右脳は言葉以外のコミュニケーションを司っています。「相手の表情を読む」「表情を表出する」「言葉の抑揚（プロソディ）で相手の感情を読む」「感情に合わせたプロソディで話す」などです。ですから、右脳損傷では言葉以外で思いを伝えることが苦手になることがあります。

　同時に、右脳損傷は「注意」の障害が生じやすく、複数情報に同時に注意を向けるのが難しくなります。つまり、話し手の感情や意図、会話のテーマ、話の文脈などに注意を向け、それらを統合して相手の真意を汲むことが苦手になるのです。右脳損傷のご家族からは「伝えたいことを汲み取ってもらえない」「気持ちが伝わらない」という訴えを、当事者からは「相手にわかってもらえない」という訴えを聞くことも少なくありません。

　相手の言葉や思いに注意を向け、状況や相手に合わせ、自分の伝えたいことに合う言葉を見つけようすればするほど「うまく話せない」と感じるのは、複数情報に注意を向け、得た情報を統合し、言葉を選ぶ段階で注意のキャパシティが限界に達してしまうからだと思います。【山口】

よく言われる症状はだいたい当事者感覚とずれている！

○ ×

疲れやすい

脳がいきなりいっさい動かなくなる。他者の言葉も文字も意味がわからなくなり、自身の言葉も出てこなくなり、何をすればいいのかの考えもまとまらなくなる。

○ ×

気が散りやすい

目にするものも耳にするものも、必要な一つのものだけを脳に取り入れられない。周囲全部の情報を脳が処理するのをやめてくれない。処理したくない（不快な）情報だけを処理しだすと、強力な接着剤でくっつけられたように、それを脳がやめてくれない。

○ ×

忘れっぽい

脳の中の記憶・言葉・思考などあらゆるものが、考えた瞬間、耳にした瞬間、目を離した瞬間に消えていく。無駄な情報が入ると、一気に脳内のすべてが消え去ってまっしろになる。

○ ×

怒りっぽい（すぐに泣く）

人生未経験の巨大サイズの感情がいきなり沸き起こる。

○ ×

わがままになる・我慢できなくなる

巨大な感情が暴言や暴力に変わらないように必死に耐えに耐えたが、あふれ出てしまう。

【鈴木】

PART 2

入院生活中の「異世界感」

カツアゲされてる中学生の気分…

　ここから紹介するのは、前章で説明した症状を抱えたぼく自身が、入院生活の中で感じたことです。ぼくは身体の麻痺も高次脳機能障害も比較的軽度な当事者だったため、受傷後１カ月を急性期病院、その後回復期病院に移って合計50日ほどで退院しました。その当時の感覚をひとことで言うなら「異世界に放り込まれた」です。世の中のあらゆる情報の入ってきかたが違う。何をしても違和感がある。言葉も表情も、自分自身のすべてを思い通りにコントロールできない。それは同じ景色でありながらまったく違う異世界に放り込まれてしまったような異様な感覚、かつそうして猛烈な違和感（症状）を感じつつも、それが自分にとってどれほど危機的なことなのかに理解が及ぶほど頭が回っていない時期でもありました。

06 世界のリアルが失われた

高次脳機能障害の当事者には「何年かかけて現実世界にゆっくり戻ってくる」という感覚があります。ぼく自身は3～4年をかけて「やっとこの世に戻ってきた」と感じましたが、受傷後1年ほどが、もっとも**自分自身に現実感を感じられない**時期でした。

はじめの数カ月ではまず、自分の本体（魂）と自分の物理的な身体が離れた場所にある感覚が一日中続いていました。自分の身体が自分の身体だということはわかる。触れば感じるし叩けば痛いのですが、どうにもそうした**感覚にリアリティがなくて、他人の身体を介して感覚を得ている感じ**。身体を動かすにも身体から離れた場所にある本体（魂）からリモコンで身体を操作している感じなのです。

残念なのは、身体に現実感がなく周囲の世界をリアルに感じられないことが、思いもよらぬほどに生活の質を下げるものだったことです。

季節の風を肌に感じても、身体中が何か羊水のような生暖かい膜で覆われているようで、ぼんやりとしか感じられません。人の声も一度録音したものをラジオを通して聴いているようで、ダイレクトな感じがありません。

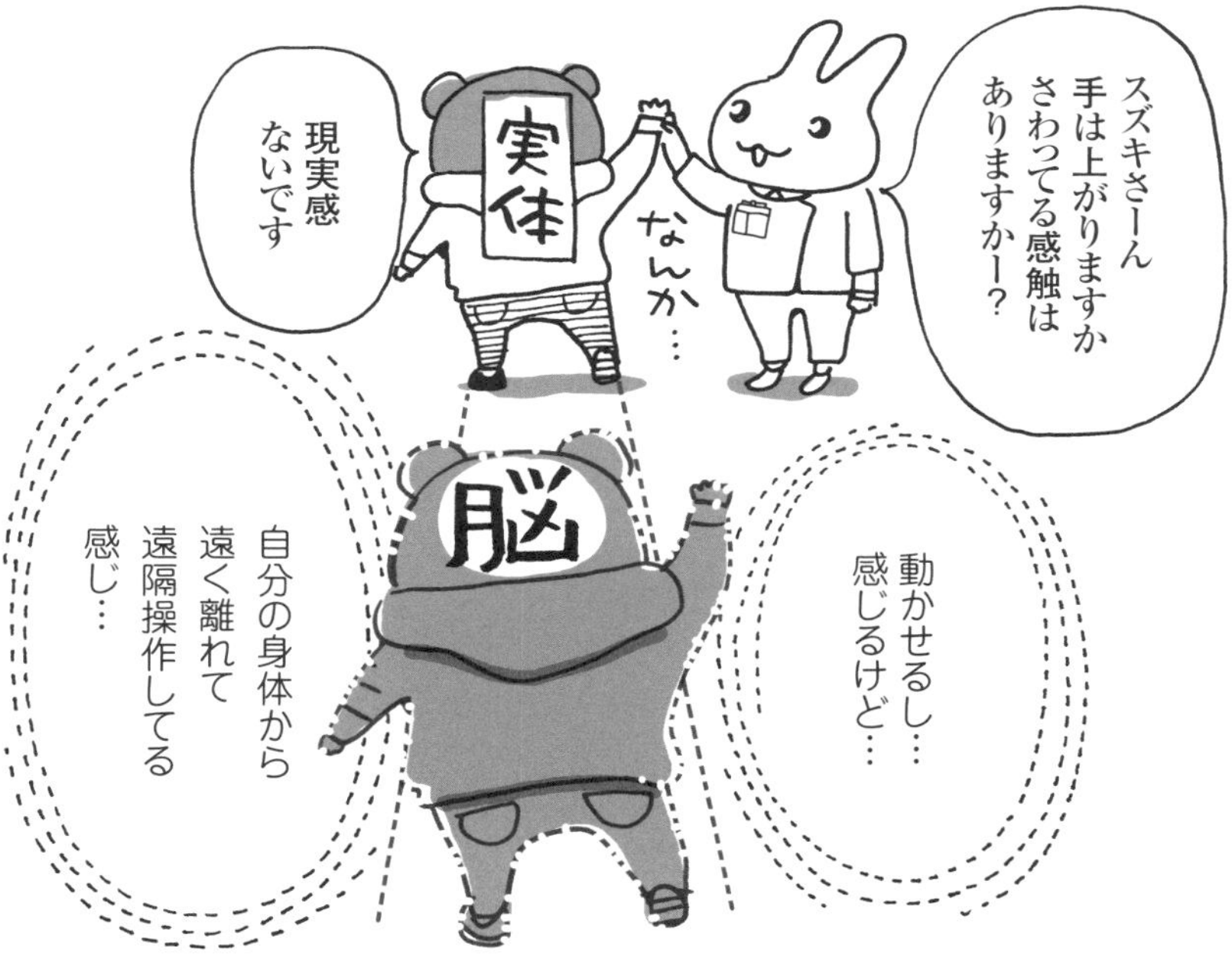
スズキさーん
手は上がりますか
さわってる感触は
ありますかー？
なんか…
現実感
ないです
実体
動かせるし…
感じるけど…
自分の身体から
遠く離れて
遠隔操作してる
感じ…
脳

あらゆる情報に鮮烈さがない。あらゆる感覚がぼやけている。そんな状況に、ぼくは「世界が失われた」ように感じてしまいました。

病棟で生活していた時期は、無人島に遭難した人が毎日流木にナイフで何日経過したかを測るように、自分の身体に傷をつければリアリティを取り戻せるかと思ったこともありますし、冷たい水で顔を洗い続けてみたり、濃いめのコーヒーを飲んでみたり、ミントタブを涙が出るほどボリボリかじってみたり、身体中にスースーする虫刺されの薬を塗り込んでみたりしましたが、どれもこれも効果はありませんでした。

高次脳機能障害の特性としてほとんど語られることのないこの症状ですが、これは他の当事者とお話ししていても「それありました！」とよく言われることのひとつで、水の中に潜っているようだとか、潜水服を着ているようだとかヘルメットをかぶったまま脱げないみたいだとか、当事者によってそれぞれの表現があります。精神疾患における「離人《りじん》」の訴えとも重なるものかもしれません。

特にそれによって具体的な困りごとが起きるような特性ではありませんが、**何をしていてもスッキリしない、じれったいといった不快感を伴うこの状況が、当事者には「24時間続いている」**、そこから抜け出せない状況にあるのだということを、周囲には知っておいてほしいところです。

傾《けい》眠《みん》

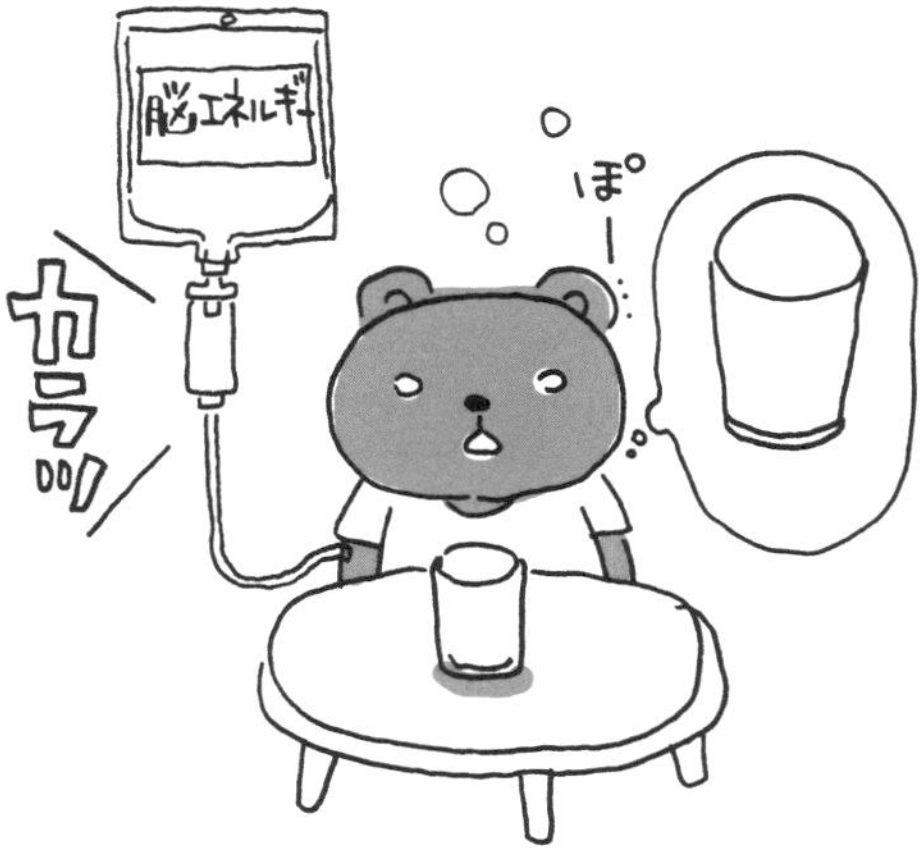

「覚醒度」の維持困難

緊急入院後、１～２週間ほどは、ちょっと何かを読もう、考えようとするだけで、まぶたを開けているだけで必死というぐらいの猛烈な眠さに襲われました。「起床し続けるだけの認知資源がない」というイメージです。

モノが二つに見える複視状態

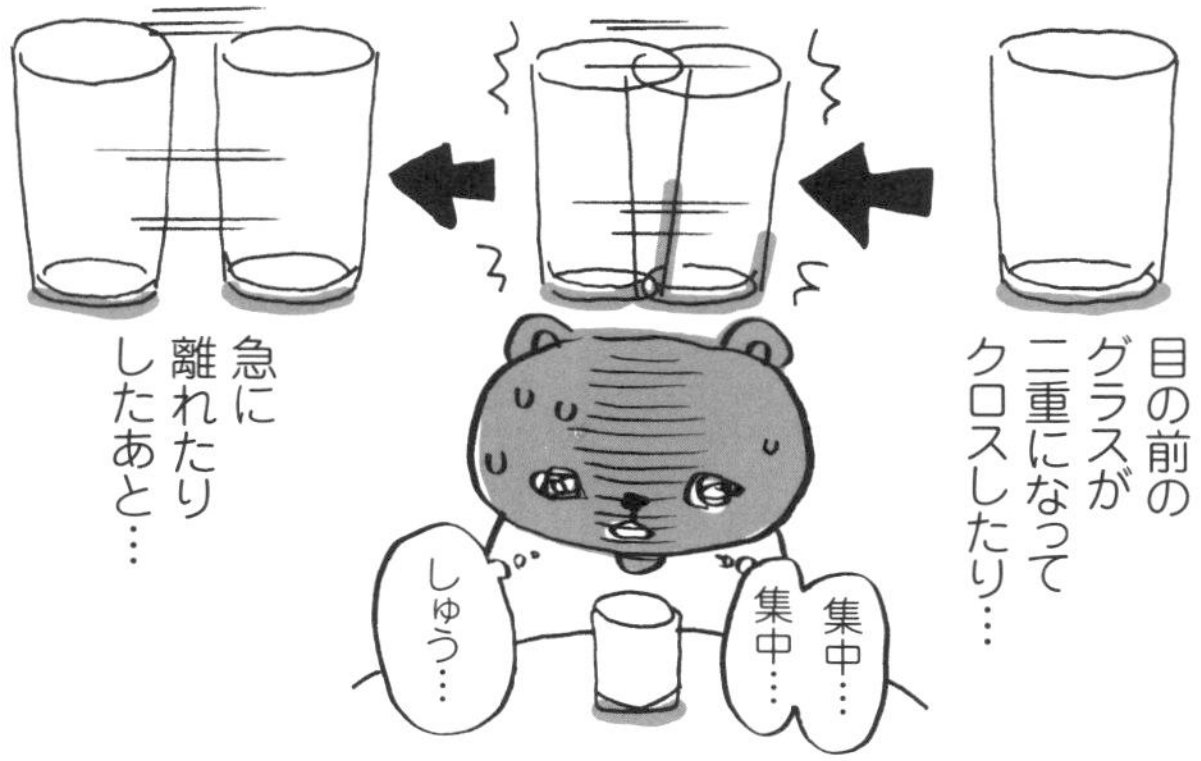

傾眠と一緒に起こったのは、目の焦点を一点に定めることができず、ものが二重になって見えること。その二重のモノが離れたりくっついたりする感じで、なんとか見続けようとすることで一気に脳が消耗して、落ちるように眠ってしまいます。

脳が回復するにしたがって、頭の中の霧が晴れていく

山口 高次脳機能障害を発症したばかりのころは、情報がまるでミックスジュースのように様々なものが混ざり合っていて、ニンジンかリンゴかバナナかわからない状況です。当事者の方はその状況を「頭の中に霧がかかっているよう」と表現しています。だんだんとその霧が晴れてくると「あー、ニンジンだったんだ」「リンゴだったんだ」と、ハッキリしていくようなイメージです。

脳損傷の方の初期に出現する低覚醒は、花粉症で頭がボーッとなってしまうことに似ています。目は開いてるし起きているけど、外から情報が入ってきてもピピっと反応しないんですね。

長谷川 脳浮腫があるときは明らかに脳全体のボリュームが大きくなり、命に関わる大きな問題です。その状態のときは、霧がずっと立ち込めていると思ってもらえばわかりやすいです。だんだん浮腫が落ち着いて、霧も晴れてくると、注意と記憶などの症状が浮上してきます。

鈴木 浮腫がおさまったあとも、脳の全体がネットワークを使って処理しているようなものに関しては落ちたままの印象です。ものすごく遠回りして思考をしているような感じで、脳の情報処理速度が非常に遅い、単純なことしかできない、といった段階がぼくにとっての霧がかかったような時期でした。

長谷川 物ごとを「考えられる」ようになるまで、長い人だと4、5年かかっています。一方で、中等度以上の方は鬱的に落ち込むような状態になるのが半年から1年以降だという印象があります。これも、その時期まではまだ自分の状況判断ができるほどネットワークが回復していなくて、回復後に自分の状況がわかって

くることで、落ち込むのではないでしょうか？　ちなみに鈴木さんは最初の浮腫があったときは、どんな感じでしたか？

鈴木　濃霧ですね。起きているだけで限界で、少し考え事をするだけでストンと寝てしまう。この濃霧が2～3週間ぐらいあって、起きていられるようになっても四六時中頭の中に霧がかかっている状況が、1年と少し。ほかの当事者の話を聞いてても、年単位で霧が晴れたって言う人が多いですね。または、この世に戻ってきた感覚とも言われる方がいます。

長谷川　私の妻は失語症でしたが、発症後1年何カ月か、2年までいかないうちに「線がつながった瞬間があった」と言っていました。

鈴木　霧が1年過ぎて薄くなってきて、でも朝からまた濃い日もあるんですよ。濃い日があったり薄い日があったりしながら、どんどん薄い日が増えていって、最終的に全部が完全につながったって感じがするまで4年ぐらいの印象ですかね。初めて加代子先生と会った日（発症から4年後）なんか結構霧が濃くって。……緊張があるとダメなんでしょうね。

長谷川　実感としてはそういう感じです。物ごとを「考えられる」ようになったという言葉は最近重要と思っていて、ときどき聞くんです。重かった人には「物ごとを考えられるようになってきましたか？」と聞くと、「いや、まだダメなんです」という人はいます。

鈴木　そういうふうに聞いてくださったらすごくいいですね。「最近どうですか？」という漠然とした質問だったら、絶対言葉にならないんです。

長谷川　それを聞いていく必要があると思っています。小脳出血と前頭葉にダメージがあった人にも6、7年経ってもまだダメと言われます。まだ考えるのがもたつくとか。

山口　急性期から回復期病棟にいる期間ってたった6カ月ですよね。退院して家に帰ってしまうと、まだ霧が晴れてない自分の頭で考えられない状況の中で、日常生活をしていかなくちゃいけない。その一番必要な時期の支援が非常に乏しいんです。当事者の方が社会復帰されるために、あるいは家庭生活を円滑に行っていくための支援がないことで、すごく困っている方が多いように思います。

長谷川　お寿司屋さんをされていた当事者さんで、入院中からかなり状況判断ができているように見えた方がいました。けれど、だんだん歩けるようにもなって意気揚々と退院された後、仕事場に戻ったら何もできないことがわかって、そこで愕然とされたんですね。

山口　状況判断が歩けることに集中していらしたのかと思います。リハビリを熱心にされて歩けるようになったものの、注意障害や左半側空間無視のお仕事への影響には気づいておられなかったんだと思います。だから実際仕事を始めてみたらびっくりされるわけですよね。

鈴木　より重い症状に意識が行くことで症状に気づかないのは、ぼくにもあったことですね。これは、脳のネットワークがうまく取れていない時期の、霧がかかって頭がどうにもうまく働かない不自由感でも同様に感じます。その霧が晴れたあとに、改めて症状がくっきりしてくる、やっと気づいてくるという印象です。

山口　「より重い」というよりも、ご本人に取って「切実な」症状なのだと思います。お寿司屋さんの方は市場に仕入れに行かなくては、だから歩けなければ、ということに関心が集中していたのだと思います。右脳の損傷によって、あれもこれもではなく、気になることひとつに注意や関心が固着しやすいということも生じていたのだと考えられます。

三つの当事者的急性期

本来医療現場で言う急性期とは、生命の維持や再発のコントロールがシビアな時期、脳の出血や浮腫がおさまっていない時期などをさすものだと思いますが、当事者の感覚としては、そのほかに三つの急性期があります。

まず一つは、「脳の情報処理的急性期」、これは脳の情報処理速度・容量が極端に低下していて、周囲のあらゆる状況変化や声かけなどにいっさいついていけない、激しいスピードギャップの中にある状況。認知資源が極端に少なく、周囲のあらゆる環境情報を処理して現状を把握したり、気持ちを平静に保っているだけでその認知資源を使い切ってしまうような時期です。

この時期のぼくはちょっと大きな情報、突然の情報を加えられると、すぐに頭の中がまっしろになって何も考えられない状況に陥ってしまう不自由を、常に感じていました。それこそ病棟内でエレベーターのドアが開いた瞬間に、一気に入ってくる外界の情報を把握できずに「自分がどこに来たのか、どこに行こうとしていたのかまでまっしろになる」といった状況。医療では「過敏性が亢進《こうしん》している」と言われる状況かもしれません。

二つ目の急性期は、「脳の情報統合力の急性期」とでも言えばよいでしょうか？ 50ページから書いたように、発症から1年ぐらいのぼくは、常に自分がこの世にいない、自身の身体から離れた自分が遠隔で自分をコントロールしているようで、世界に現実感を感じられない離人症状の中にありました。恐らく人は、視聴覚をはじめとする自身の五感から得る情報を脳内で統合することで、その場に生きる現実感を得るものだと思うのですが、それぞれの情報がちぐはぐで、まるで現実感がないのです。

最後の急性期は、起きている間中、ずっと胸の中を何かの感情がパンパンにみたしてあふれかえりそうになっている「情動コントロールの急性期」です。24時間「車の運転中に目の前に子どもが飛び出してきた瞬間」のような驚きと緊張で、横隔膜が上がってフルフル不安定な状況が続いている。つねに号泣する寸前の幼児のように気持ちがパンパンで、ちょっとしたきっかけで涙があふれかえってしまう。それを起きている間中ずっと耐え続けているような状況なので、こちらはコミュニケーションの困難に大きく関係してきました。【鈴木】

07 3行の文章も漫画も読めん

病棟で渡された「入院生活のご案内」のパンフレットを読もうとしたら、3行読んだら1行目の内容がわからなくなって、何度も読み返して全然進まない。漫画を読もうとしても、数ページ読んだら物語がつながらない気がして、前のページを読み返すと「読んだ記憶のないページ」がある。

これらは30ページの「作業記憶の低下」＝いま見たばかりのものを片っ端から忘れてしまうという症状からくるものですが、「忘れやすい」と「本や文章が読めない」がイコールで直結することについては、なかなか健常者の理解が及びづらいことかもしれません。

日本語や文字がわからない（失語やディスレクシアといった障害特性がある）わけではないのに、なぜ読めないの？　そう思われるかもしれませんが、記憶に問題のある当事者の多くは「読むこと」「読んで理解すること」の双方を失います。

特に読みづらいのは、専門用語の多い文章や、一文が長い文章、そしていくつもの解釈ができそうで「どの解釈が正しいのかな？」と迷うような文章です。こうした文章は健常者でも読みづらさを感じるものだとは思いますが、当事者には記憶障害と注意障害が両方あることで、そこに致命的な読み

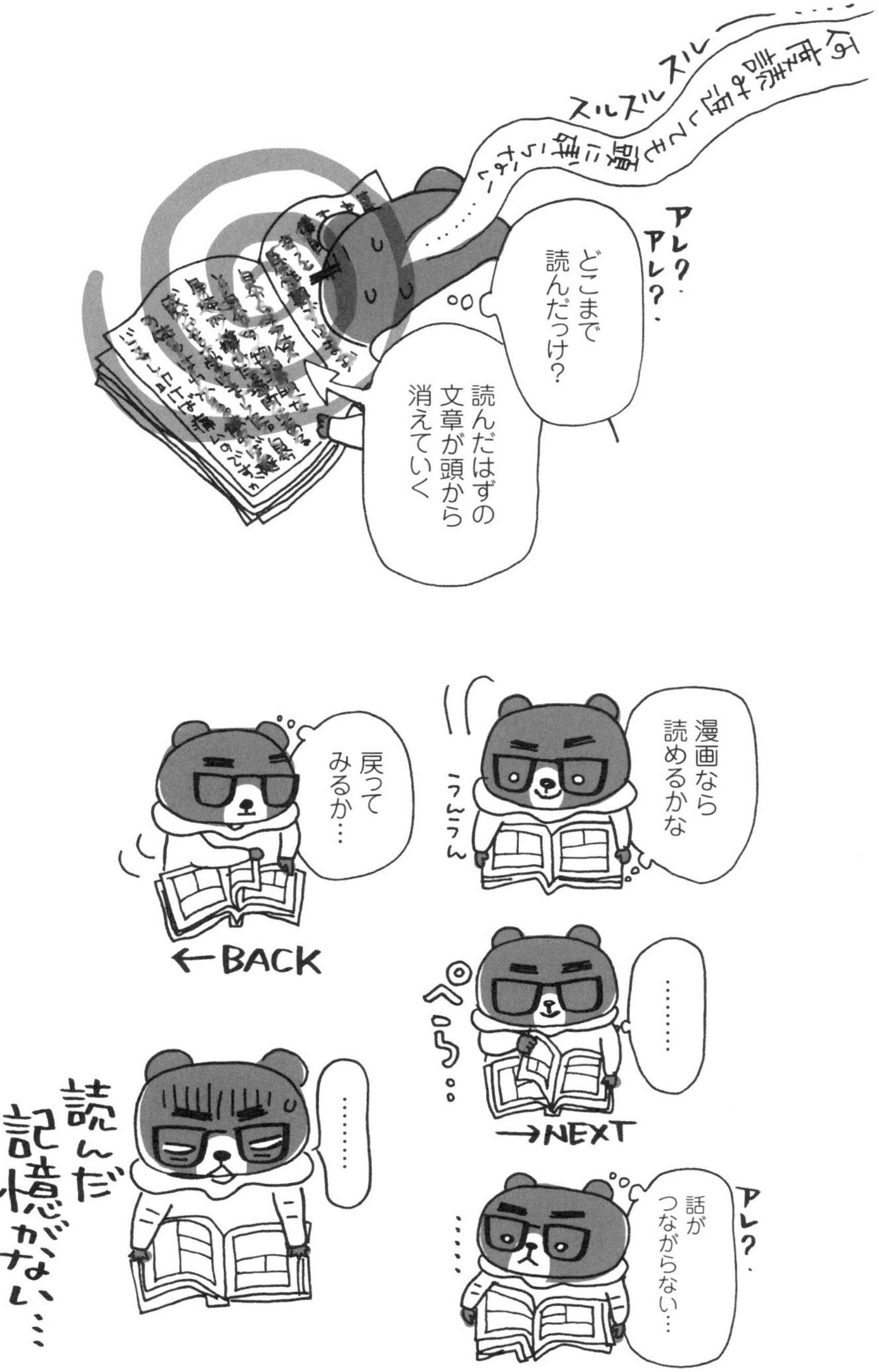
何度読み返しても頭に残らない〜……
ズルズルズル——……
アレ? アレ?
どこまで読んだっけ?
読んだはずの文章が頭から消えていく
漫画なら読めるかな
うんうん
……
ぺら。。
→NEXT
アレ?
話がつながらない…
……
戻ってみるか…
←BACK
……
読んだ記憶がない……

づらさが発生します。

注意とはいわば「心の目」ですから、そもその心の目が向いていないところで起きたことについては、記憶することもできません。いま読んでいた文章でも、心の目が「あれ、この言葉の意味は？」「あれ、この主語はどこにかかっているの？」「書き手が言いたいことは何だろう」というように横にそれると、その思考の間にすでに読んでいた分の記憶がなくなってしまうのです。

これは**ちょっと目を逸らして元に視線を戻したら「元見ていたものがなくなっている」**といった感じで、文章を読んでいる途中にちょっと離席したり、ほかの作業を挟んで戻ってみたらどこまで読んだかわからなくなり、読み返してみたら文章の頭からもう読んだ記憶がないというようなことになります。

これは参った……。残念ながら、単語や短文を読んで理解する機能が残っている時点で、医療者も行政も周囲の人間も「この人は文章が読めるもの」と判断してバンバンいろいろな書類を渡してくるので、ぼくもさすがに「入院生活のご案内」が読めないとか、妻がリハビリにと病院に持ってきた子ども向けの「折り紙教本」の意味がわからないとは結局言い出すことができませんでした。

そんな当事者にとって助かるのが「**箇条書き**」なのは言うまでもありませんが、それでもどこまで読んだかわからなくなってしまうので、**行数を減らす、行間を開ける**などの工夫もお願いできたらありがたいです。

ワーキングメモリー（作業記憶または作動記憶）

ワーキングメモリーとは何かをしようとするときに、必要な情報を必要な時間、維持しておき、必要になったら利用するシステムのことです。

例えば、洗濯物を干しているときに、玄関のチャイムが鳴ったら対応し、対応が終わったら洗濯物を干しに戻る、という行動の間には「今は洗濯物干し中」というワーキングメモリーが作動していたということです。脳の前頭葉という前の方がこのシステムに関与していることがわかっています。

保持時間が1分以内の記憶を短期記憶、1分以上を長期記憶とする分け方がありますが、これらは、あくまで記憶の保持時間での分け方です。

ワーキングメモリーは何か作業をしようとするときに必要になる「ちょっとの間覚えておいて、必要なときにその覚えたものを使う」というシステムのことで、「脳の中の黒板」ととらえると理解しやすいでしょう。

スズキさんは脳の中の黒板に「ある言葉」を書き込んで、その意味を考えたり、書き手の意図を考えているうちに、脳の中の黒板に書いた「ある言葉」が消えてしまった＝ワーキングメモリーがうまく作動しない、という状態だったと考えられます。【山口】

08 左を見たくない&右凝視

右は目を離せない　　左は見たくない

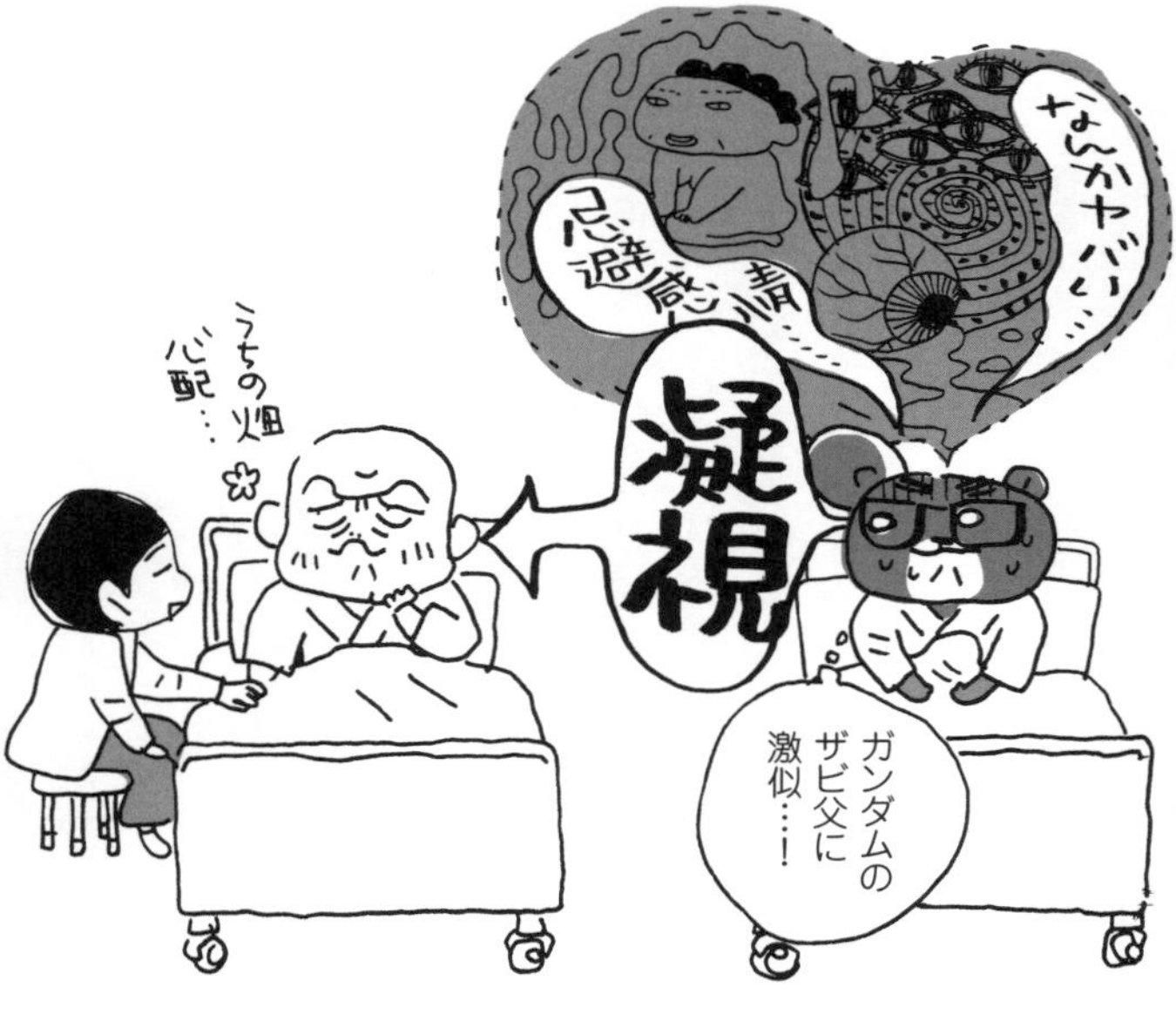

左を見たくない！　自分の視界の左側を見ると全裸で義母が正座しているとか、猫が車に轢かれているとか、何か表現のしようがない異世界が広がっていて、そっちを見てはならない。見たら呪われるとか発狂するとかとんでもないことになってしまう！

脳の右側を受傷した当事者に多い「**左《ひだり》半《はん》側《そく》空《くう》間《かん》無《む》視《し》**」は、時計の絵を描かせると左半分が描けないとか、人の氏名を読ませると左側の氏を読み飛ばしたり、食事の御膳の左側を見落として食べ残すといった症状として知られます。が、ぼくにとっては「**左側の世界が正しく認知できない＝異様で理解不能な世界が広がっているので見たくない！**」という強い

忌避感情となって現れる症状でした。

それと同時に起きたのが、「右方向の凝視」です。**左は見たくない。けれど右は一度気になったものに目が向くと、そこに視線＝注意が固定されてしまいます。**入院中には右隣のベッドの患者が子ども時代に観たアニメ『初代・機動戦士ガンダム』のザビ（敵方・ジオン公国初代公王）にそっくりなのに気づいてしまい、もう視線はこの爺さんに固定。病棟内を歩いていても、向かいから歩いてくる看護師さんの顔にある目立つホクロとか妙に大きな胸元とかに目が向けば、すれ違って物理的に視野から消えてくれるまで、凝視し続けてしまうなんてこともありました。

話をしている人の目も一度見たらそこから視線をはがせなくなるので、むしろ相手の目をきちんと見ることが怖くて常に目を逸らして話すような状況です。

これじゃ変人だし失礼だけど、**一度凝視してしまえばなぜか今度は心の中に様々な感情があふれて、表情も異様に崩れてくるのを止められない！**　これは右側を過集中してしまうことや、情動の脱抑制が合わせ技になったことで起こったことだったと思います。

症状は受傷後1年ほどでほぼ解消しましたが、その後も**左側から入力される情報（特に人の話）などが理解しづらかったり、左に人がいるのが不安な状況は年単位で続く**ことになります。

支援職の方から聞いた話では、当事者さんの中には、この凝視などの異様なふるまいによって、警察に不審者として通報されてしまうこともあると言います。

左半側空間無視アラカルト

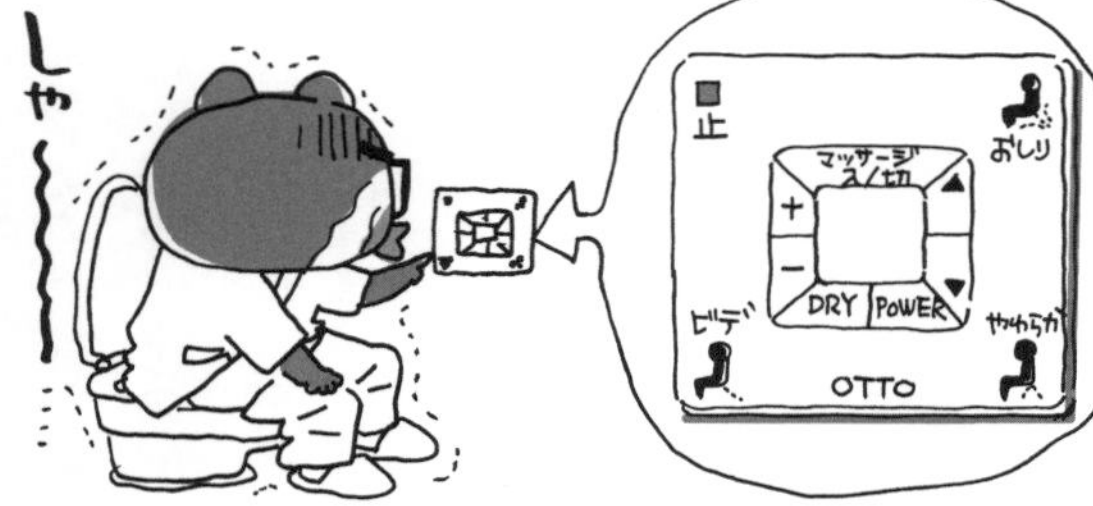

左側にある温水洗浄便座（お尻洗うやつ）の操作パネルが、航空機のコックピットとか電車の操縦席のように、未知の機能のボタンがたくさんついた複雑難解な代物に感じました。そんな中、ぼくは間違って「ビデ」ボタンを押してしまい、挙句に「止」ボタンが見つからず、股間の何もないビデゾーンを延々と洗われる始末。

右の女子トイレに入ってしまう

男女のトイレが左右に並んでいるところで左の男子トイレを無視して右にある女子トイレに突入！　看護助手さんに引き留められる。

左の見舞客を無視する

友人が訪ねてきてくれても、左側にいる人が来てくれたことを憶えていないなど、左側で起きたエピソードが記憶にない。

左のドアや壁にぶつかる

左肩を壁や手すりにぶつけたり、院内のベンチシートに左足をぶつけるのはもう、日課。

迷子

何日も暮らしている病棟内でも、左側に曲がる通路を見落とす。

09 起床中ずっと続く情動の不安定

34ページでは、元々発症前でも小さな感情が起きただろうシーンで、その感情のサイズが50倍にも100倍にもなって湧き上がってしまうという脱抑制の症状を書きましたが、発症後半年強の期間のぼくは、**何もない状態でも朝起きた瞬間から胸の中が何かの気持ちで常にパンパン**になっていました。

これはおそらく、情動を平静に保つこともまた認知資源を使う行為だから。23ページで例にした点滴のチャンバーに滴下（逐次チャージ）される認知資源の量と、周囲の環境情報の処理と感情を平静に保つことに使う認知資源の消費量がほぼ釣り合ってしまうほどに、認知資源の滴下量が足りない状況だったからだと思うと、自分ではとても腑に落ちます。

突然の号泣

入院中は基本的に「ありがたい」と思うことが多いため、いつも涙をこらえているような状況が続きました。いうなればそれは、道で大の字に倒れた子どものところに母親が駆け寄るまでの「必死に涙をこらえている」胸パンパン状態が常時

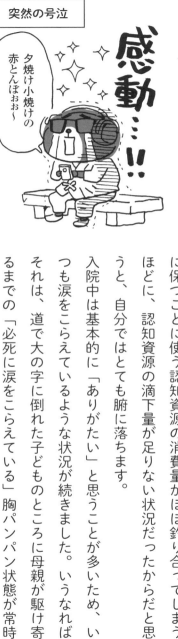

続いているようなもの。それこそきれいな夕焼けを見るとかちょっと優しい言葉をかけられるだけで、ぼくはものすごい勢いであふれ出る涙を止めることができませんでした。

　それにしても**朝から胸がパンパンでざわめいているというのは、とても不安と焦りを伴う**ものです。それこそ峡谷に渡された手すりのないつり橋の上に立たされたようにフルフル縮み上がった状態が、朝起きた瞬間から寝るまで続きます。

　入院中は病棟の閉塞感がキツくて唯一の解放タイムであるリハビリ室に入った瞬間、もううれしくてうれしくて顔面崩壊。OTの先生に「スズキさんすごい満面の笑みですね」と突っ込まれましたが、それは爆発しそうな喜びの感情を必死に制御しようとして、失敗した結果。24時間、常に感情のざわめきとあふれる感情のコントロールに失敗し続けているような日々でした。

10 あらゆる変化に対応できない

決まっているものが変更されると、咄嗟にその状況を把握できない、対応できない。「環境変化への対応困難」は、情報処理速度の低さと脳が環境情報の処理だけで精いっぱいで、それ以上の情報処理をする余裕がないことから起きるものでしょうか。

入院中のぼくは、院内で部屋が変わる、大部屋の中でベッドの位置が変わる、回復期病院に転院になる、リハビリスタッフが変わるなど、**環境が少し変化するたびに「命の危険を感じる」ぐらいの不安感にさいなまれました。**

不安で憂鬱な気持ちが胸をいっぱいにし、気持ちが張り詰めて胸がしんどい状況が続くうえ、麻痺や

高速道路上でUターンさせられる気分…

呂律の回らなさなども「**悪化した」ように感じられてしまう**のです。

　とくに苦しい思いをしたのは、予定されていたリハビリの時間が変わったり、見舞客から突然「今日行くよ」の連絡が入ったときなど。物理的な環境変化に比べ、こちらは変更によって何かほかの予定を調整しなければならないとか、自分がやろうと思っていたことができなくなるといった、具体的なデメリットがあります。そのデメリットが、信じられないほどに大きな困難に感じられたのです。

　その感覚を例えるなら、予定地に向かって高速道路を進む車の前に、いきなり通行止めのゲートが空から降ってきたかのよう！　予定に向けてやっていることを中断するのが困難なうえ、咄嗟にどうルート変更すればいいのかもわからず、一気に混乱の中に追いやられることで、**とても理不尽なことをされ**

たようにも感じるのでした。

予定変更なんてよくあることでしょ、と思うかもしれません。けれどどこの環境や予定の変更による苦しさは、実は退院をして日常生活や仕事に戻ったのちにもっと大きく障害化し、発症後5年ぐらいまでぼくを苦しめた障害特性の中でももっとも大きなものの一つでした。

11

エスカレーターに乗る・道を渡る

脳の情報処理速度が落ちるということは、「ちょうどいいタイミングで」とか「咄嗟の判断」で身体を動かすことも難しくなるということ。脳と身体の動きがちぐはぐになっていることで、ぼくは発症後50日ほどはエスカレーターに乗るためにいちいち立ち止まって「いっせーの！」とタイミングをみて乗らなければなりませんでした。

一方、情報処理速度の低下に加え、左の半側空間無視と右の過集中（凝視）によって、車の行き交う道を渡れなくなってしまう症状も。ぼくから見ると、左側と右側では流れている時間の速度が違うように感じたのです。

左側の車は、昔の映画のコマ落とし表現のように短い瞬間移動を何度も繰り返しながら迫ってくる（YouTube などで「タイムラプス 交通」で検索すると、似たような感じの動画を見ることが可能）。一方で右から迫る車は、一度目に入ったら視線が車に固定してしまいます。右の車は近くに来るまで目が離せないので、その間は道に歩みだせない。かといって左を見れば、異様な動きの車で、まだ遠いと思っていたのに気づいたらものすごく近くに来ている!!

こうしてタイミングをつかめずに、道を渡れないという症状は、少しずつ緩和しつつも発症後4カ月ほど続きました。

脳が小学生男子仕様に！

不自由さを感じることばかりに思われる注意障害ですが、様々な情報が入ってくる脳は、「今しなければならないこと」が大したことがない限りは、実は愉快な脳みそだったりします。

例えば回復期病棟でのぼくは、暇つぶしとリハビリを兼ねて病院の敷地内を毎日ひたすら歩いて回っていましたが、この脳は普段だったらまず目に入らないようなものを片っ端から見つけてくれるのです。

昆虫の死骸、きれいな色のガラス片、妙に重量感がある立方体のゴムの塊に、アマガエル！　駐車場の縁石に小さく書かれた矢印を見つけては、指し示す方向をたどってみたり、夕方にはふと流れるチャイムの旋律の美しさや夕焼けの色に注意と気持ちがぐっと持っていかれて涙するようなこともありました。

発症前なら気づかなかった道端の野草の花がとても気になって、散歩しながらそれを撮影して回るのは今でも習慣になっています。

たぶん健常者の脳とは、いまやるべき必要なことに注意を凝縮できる機能を持っている一方で、取り逃している情報がたくさんあるのでしょう。当時のぼくは「ぼくの脳は小学生男子の仕様になった！」などと思って歩き回っていましたが、逆に発症後1年以上たっていつも歩く近所の散歩道の左端に見慣れない（しかもかなり古い）看板が立っていることに気づいて、ギョッとしたなんてこともありました。

おそらく左無視だけでなく興味を惹くほかの情報に注意が向いていて、目の前にあるその看板に気づかなかったのだと思います。けれど、気づくべきはつまらない看板なのか、道端の花なのか。そう思うと、あながち「目的のみを追わない脳」も悪くないのかもしれません。【鈴木】

12 認知資源枯渇後の過換気呼吸

認知資源の枯渇は、健常者にはほとんど経験したことのない感覚と思われますが、当事者となってもっとも想定外だったのは「枯渇後」に起きることについてです。

困るのは、その枯渇時にいる場所が、人混みなどの情報過多な空間だった場合です。そんなときぼくの脳は、「周囲の環境情報が全部入ってくる」「脳が勝手に全部を情報処理しようとする」状況が**自力で止められない**という、生き地獄のような状態に陥りました。

脳はもういっさい動かないのに、声も音も光も全部が頭の中にザクザク刺さって、落ち着こうと焦れば焦るほど頭の中が混乱し、背中にじっとり汗をかき、強風が吹く中の崖っぷちで感じる高所恐怖のように下半身に力が入らず吐き気がして、立っているだけでも精いっぱいです。

さらに追い打ちをかけるのが、過換気呼吸の発作です。どんなにたくさん空気を吸っても窒息のような苦しさがぬぐえず、ただ座ってじっとしているだけなのに、思い切り走ったあとのようにハアハア激しく呼吸してしまう。**このまま気絶するのではないか、このまま死んでしまうのではないかという不安**が、いっそう焦りを倍増させます。

ただしここで意外なのは、その状況から**何か目的を果たさなくていい**。単にその場で**ボケッとしていても許される**のであれば、**ほとんど苦しさを伴わない**こと。

この認知資源枯渇時のパニックは周囲の環境情報だけでなく、そのとき一緒にいる人が「こちらの認知資源が切れているにもかかわらず話をやめてくれない。問い詰められる」（やはり情報処理をやめさせてもらえない）といったシーンなどでも起きること。当事者の苦しさをもっとも理解していただきたい部分です。

病院ではよくても、日常に戻ると破綻してしまうのはなぜ？

山口　病棟は環境的にも人的にも制限されています。限られた空間の中で決まった行動をすればよく、混乱が起こりにくい環境です。日常生活はもっと雑多で毎日変化が起こり、いろいろな人が関わってくるため、病棟生活とはギャップが大きいと思います。そのため病棟内で何も問題がないと思っていた人が、実際に日常生活になると面食らってしまうのはよくあることです。

長谷川　医療関係者はある程度、高次脳機能障害のことを勉強し理解して治療を実践していますから、病院では危険がないように安全に過ごすことを心がけます。でもご家族にとっては、説明を聞いても聞いたこともない専門用語が飛び出して、何が何だかよくわからない状況です。そのギャップも想像以上に大きいようです。というのも、家はいろんなことを自分でやらなきゃいけないし、気にかかることが日々起きますが、家族も本人の困り感を知らないから用事を頼んだりする。結果、対応しきれないことが続いたりして「変になった」と家族も思うし、本人も戸惑っていきます。入院中と家での行動選択の自由度は全然違うので、症状が目立って表に出やすい特徴があるわけです。

さらに、仮に家ではそれほどギャップを感じなかったという当事者でも、会社に行けばもっと複雑なことをする必要が出てきて、そこで症状が顕在化するケースもあります。

鈴木　退院後、復職後になって始めて自分の不自由に気づいて愕然とするというのは、当事者さんから本当によく聞く話です。そのギャップにショックを受ける前にある程度予備知識を当事者に与えてほしいという願いもありますが、かといって病棟にいる当事者はま

だまだ霧の中という問題もありますしね。ただやっぱり、それ以前に最大の問題は、そもそも症状を見逃されている、未診断のケースです。

山口 最近は調査が進んできて、高次脳機能障害を診断できる医者が意外に少ないという事実がわかってきました。全国の支援拠点機関の約65%が「診断できる医師が不足している」と言われています。注意や記憶の検査を実施している病院は40~60%です。* 検査をしても、高次脳機能障害の診断に最適ではない検査をしていたり、診断したとしても、本人に伝わるような伝え方をしていないということがよくあります。注意や記憶などの検査では正常範囲でも、高次脳機能障害があるケースがあります。重い人は測れても軽い人は測れない検査もあるのでもっと感度の高い検査をする必要があるのですが、そのことがまだ十分に周知されていないために、高次脳機能障害があると見なされない人もいます。そうすると、入院して長くても半年、麻痺がないともっと早く退院してしまいます。

鈴木 ちょっとショッキングな状況ですね。となると、未診断だった当事者が医療に再接続する道や、退院後や医療の手から離れた後に自分自身で気づいた不自由について再び医療にフィードバックできるような道をなんとか整備していかなければです。

山口 その通りです。入院中の診断と、当事者家族への説明が必須ですが、地域生活に戻ってからも相談できる仕組みが必要だと思います。

長谷川 医療に接点のある時期の当事者には、高次脳機能障害の状況を自分で理解するのが難しい場合もあります。医療者から専門用語が混じった説明を理解するのは並大抵ではないし、自分の状況がなかなかつかみきれないのがひとつ。もうひとつは、医療者側から見ると、治療や回復の段取りがある程度パターン化されているために、まず麻痺の方に主眼がいきます。そうすると、歩くことが第一の目標になり、高次脳機能障害の症状はあと回しになってしまいます。

麻痺が起きていると一歩一歩考えながら歩くことに精いっぱいエネルギーを使います。ある程度歩けるようになったときに、医療者側が、どうしても本人がやりたいことの希望に沿うと、歩行練習に持っていくことが多いです。

鈴木　でも、第一選択が身体の麻痺回復なのは、絶対正解だと思いますよ、麻痺の回復にはゴールデンタイムがありますが、高次脳の回復は年単位ですから。

長谷川　ただし、そこで本人に選択してもらう場面を意識的に作った方がいいと思います。

例えば、「あなたにとってこの二つのプログラムがあったらどっちを選択しますか?」と聞いてみる。OTで炊事の作業がいいのか、他の作業がいいのか、いろいろあります。作業の中で選択をしてもらうことが、自分で物事を考えるきっかけになります。入院中から、選択して自己決定するという場面はあっていいと思います。本人にとっては難しいかもしれないけど、小さな選択を徐々にやっていくと、退院したあと主体性が現れやすいと思っています。

そう思うきっかけになったのは、イギリスにある重度な認知症の老人ホームのエピソードでした。そこにいる人達はすぐ物忘れするような重度な人たちで、2色あるナプキンを見せてどちらを選ぶか、これだけはやっているそうです。私には、衝撃的でした。

自分でこの色に決めたという感覚を大切にしているのです。このような選択をする回数を入院中からやっていくことで、退院のあと変わってくるかなと思います。病院内では「こうやりましょう」と医療者が敷いた安全なレールの上を走ることが多いから、そこを変えてみると当事者も変わっていくのではないでしょうか。

鈴木　なるほど。当事者にとっては、何かを選択したらその後にどうなるかといった未来予測的な思考が複雑すぎて大混乱すると思いますが、かといって自分ごとの選択を他者に任せきってしまうと、主体性の機能が廃用する、能動性が低下するといったリスクもあるかもしれません。「なんで俺、これを今決められないんだろう」ということにもものすごく違和感があるはずなので、そこで立ち上がる自己理解もあるかもしれないです。

山口  実際にはかなり、脳損傷の方のリハビリテーションがお仕着せになっています。まずは自立を目指すので、歩行やトイレができるとか日常生活動作（ADL）が優先で、それができたらIADL（掃除・洗濯などを含めた応用的な日常生活動作）です。そこに高次脳機能障害のことを含めて対処するところまでは来たと思います。でもその先に、環境刺激やすべきことが増える日常生活で高次脳機能障害がどう影響するのか、その際にどう対処したらよいのかというところまでは入院中のリハビリテーションで対応できていないと思います。

＊1）深津玲子ら：我が国の高次脳機能障害の診断実態に関する調査研究、国立障害者リハビリテーションセンター令和3年度第2回支援コーディネーター全国会議資料

2）野村忠雄：高次脳機能障害への対応の現状と今後の連携に関するアンケート調査報告、国立障害者リハビリテーションセンターホームページ、2020

PART 3

日常生活、困ってます

50日ほどの入院生活を経て家庭に戻ったぼくを待っていたのは、日常生活における「あらゆる当たり前にできていたことが、すべてできなくなっている」といった崩壊体験でした。外界から「守られた」病棟生活の中では、まだ脳の情報処理力も低く「自分がどのぐらいヤバいのかを理解するほど脳が動かなかった」。身体のリハビリが理想的に進んだこともあって、退院するときは返って前向きな気持ちですらあったぼく。ですが、退院当日に経験したのは、久しぶりに食べたラーメンが美味しいというだけでお店のおばちゃんの前で号泣し、スーパーマーケットの情報過多な空間の中でパニックを起こしてしゃがみ込んでしまうという謎体験……。そこからは毎日何度も「あれ？　なんでこんなことができない？」がひたすら続く日々が始まります。

13 散らかった部屋を前に、完全フリーズ！

ごちゃっ…

たくさんの物の中から同じ定位置、同じカテゴリの物見つけてピックアップし、それぞれまとめて定位置に戻すのが、「効率的な片づけ」。

できる ver.

まずカテゴリー
分類をしてから…

ペンはペン立て
ズボッ
書類はファイルへ
ザッ
本は本棚へ
ストッ

びしっ…

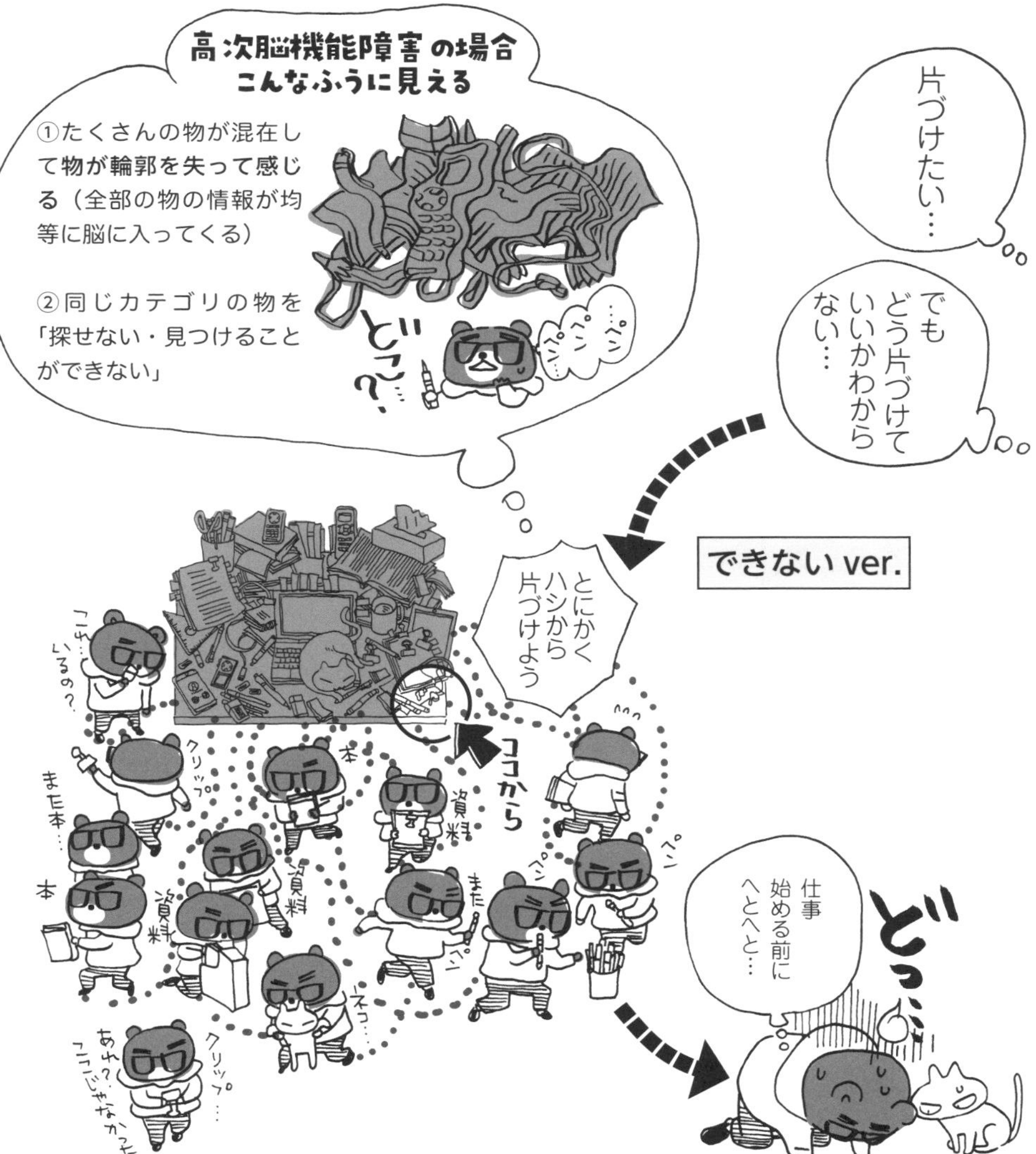

自宅に戻って真っ先に体験した不自由は、片づけが苦手な妻が散らかした部屋に入った瞬間、何をどうすればいいかわからずに「完全に固まってしまう」ということでした。というのも、例えば机の上であれば、ペンも、書類も、クリップも、それぞれの物が輪郭を失ってすべて混じり合っているように見えるのです。おそらくすべての情報が均等に脳に入ってきてしまう、注意障害の特性のせいでしょう。

こうなるともう、散らかった机の上からペン１本を探すことすらできない。片づけようにも同じカテゴリの物を探してまとめるといった効率的な分類もできず、大混乱。結果、散らかった机の端っこからひとつずつ物を取って定位置に戻し続ける作業を、机の上に物がなくなるまで続けるという、発症前経験したことのない、超・非効率な片づけをするしかありませんでした。

散らかしサイクル

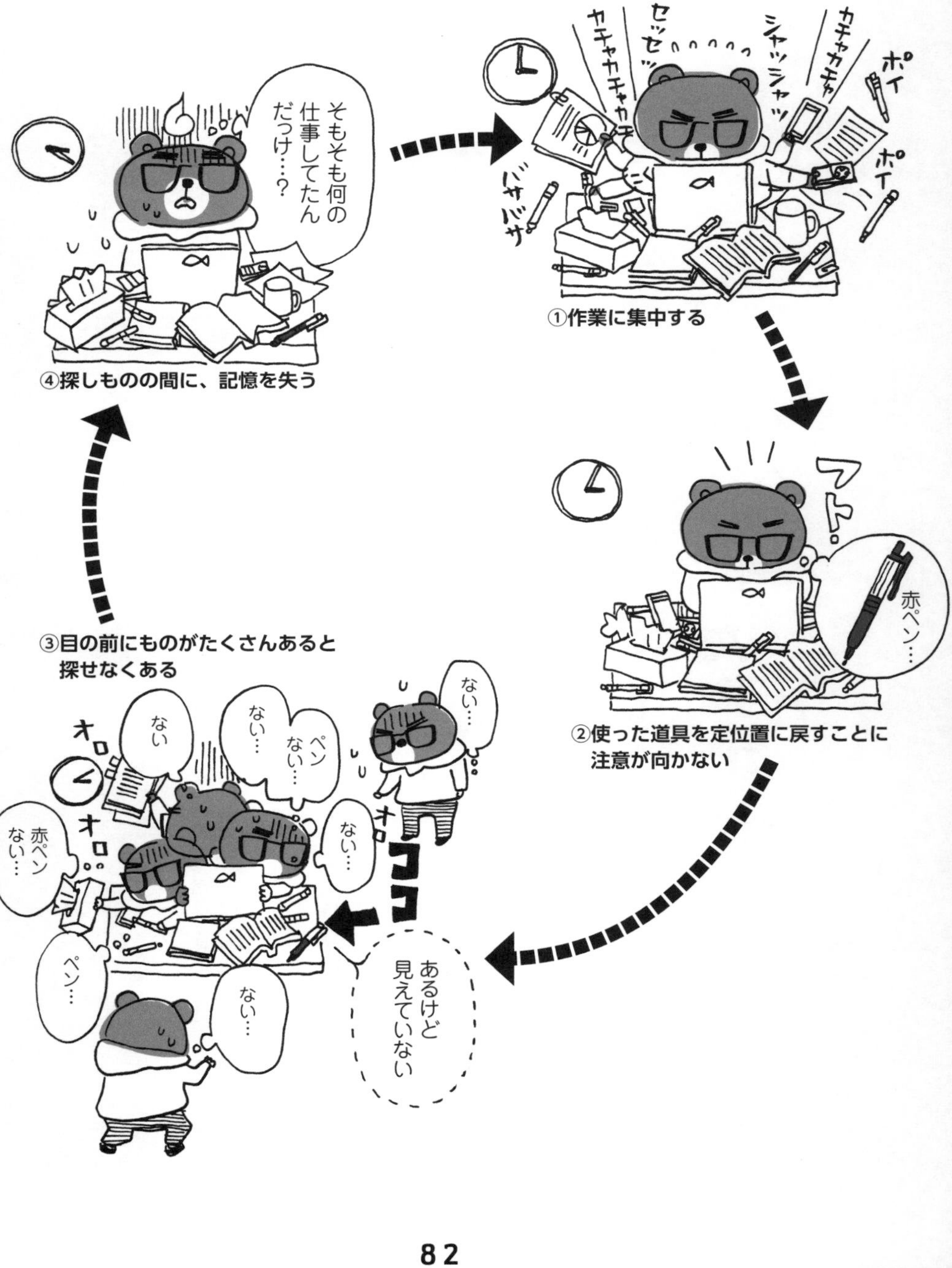
カチャカチャ
シャッシャッ
セッセッ
カチャカチャカチャ
ポイ
ポイ
バサバサ
①作業に集中する
フト
赤ペン…
②使った道具を定位置に戻すことに注意が向かない
あるけど見えていない
ココ
ない…
ペン ない…
ない…
ない
オロオロ
赤ペン ない…
ペン…
ない…
ない…
③目の前にものがたくさんあると探せなくある
そもそも何の仕事してたんだっけ…？
④探しものの間に、記憶を失う

説明書通りの作業ができない

注意障害と記憶障害の合わせ技として「説明書が読めない」も、日常復帰に伴いとても多くのシーンで遭った不自由です。DIY の棚などを作ろうとしても、パーツに貼られた部品番号のシールを探せない。たくさんの文字がある説明書の中から作業手順の番号を探すのも難しく、指示された番号の部品を探している間に、その番号を忘れてしまう。説明書に戻っても、どこまで作業を終わらせたかわからない等々。混乱しないよう広い場所で作業をし、部品を番号ごとに整理して手順書も番号などをマーカーで強調するなどで対策は可能でしたが、はじめはやはり「なぜこんな簡単なことが！」と混乱する場面でした。

14 探し物の困難と時間感覚の喪失

プシュ
…コショー
白コショー
白コショー
白コショー
白コショー…
白コショー
アワ
アワ
ない!!
…気づけば30分経過…

注意障害でよく言われる「気が散る」とはかけ離れた症状として、たくさんの物の中から特定の物を探し出せない症状があります。焦れば焦るほど、物が輪郭を失って、目的の物を識別できなくなる状況は、たくさんの音が全部耳に入ってきてすべてを脳が処理しようとする症状の視覚バージョン。ここでさらに困るのが、物探しをしている（その作業に過集中している）際に、時間感覚が喪失することです。ぼくとしては5分経過のつもりが時計を見れば15分や30分経っている。その驚きと違和感に、当初は「気を失っていたのか」「脳梗塞が再発したか」と思うほどの不安を感じることもありました。

見ザル 聞かザル　環境調整について

「見ざれは聞こえる」「聞かざれば見える」。なんだか禅問答みたいですが、これは注意障害を抱えたぼくが生活の中で工夫したことの効果です。例えば騒々しいカフェの中で一緒にいる相手の話が上手に聞きとれなくなってしまったとき、てのひらで目を覆ったり目を閉じたりすると、なんと不思議なことに相手の言葉がグッと聞きとりやすくなる！　物がたくさんあって探し物が見つからないとき、耳栓や指を耳に突っ込むと、いきなり探している物が目の前にあることに気づく！　これは本当に、自分でもびっくりしました。

なぜこんなことが起きるのか？　それは、目から入る情報も耳から入る情報も、処理している脳の部位は別であるにしても、同じ脳の注意機能を使って同時に処理しているため、余剰な情報を減らすだけで脳の情報処理機能が上がったのだと思います。

　ということで、日常生活に戻ったぼくは、外出時にはツバの付いたベースボールキャップをかぶったり（少しうつむくと、視野の上半分の視覚情報を一気になくすことができます）、ギラギラした光を減衰させるためにサングラスを使ったり、耳栓やヘッドホンでいつでも耳に入る音情報の量をコントロールできるようにするなどの工夫を重ねました。

　なお、ここまででも説明したように、無意識でも勝手に周囲の情報を脳に取り込んで処理しようとしてしまうのが注意障害であり、脳の認知資源もそれによって知らぬ間に消耗してしまうため、ポイントはこれらのグッズを常に使うこと。そうすることで、外出時の疲労感なども格段に軽減されるようになったと思います。【鈴木】

15 怒りの記憶への拘泥とフラッシュバック

多くの人は、嫌なことを他人に言われたとしても、ずっと怒り続けることはないでしょう。怒りは、徐々に薄らいでいったり忘れたり「あの人は嫌い、苦手」といった感情に変化していくものだと思います。

ところが当事者になったあとのぼくは、**一度嫌なことを言われた「瞬間の怒り」がその後数カ月にわたって続く**という、それまでの人生でまったくしたことのない経験をしました。記憶に障害があるはずなのに、その嫌なできごとや言葉、そのときの相手の表情などは、**何度も克明に思い出して記憶の中で強化されてしまう。**朝起きて天気がよくても、景色がいい中を歩いていても仕事をしていても、頭の片隅からその「嫌なヤツ」を消し去ることができず、ふとそこに思考（注意）が向いてしまった途端、何かを蹴ったり殴ったりしなければ収まらないぐらいの強い怒りの感情が胸にあふれかえってしまう。

しかも**一度この状況になると「気分を変える」「気を取り直す」ということができません。**そのときにやるべきことや考えるべきことにも、とても集中できません。「過集中」と易怒《いど》の合わせ技による、とても苦しい症状でした。

そこ立ってるとジャマだよ
TRICKY
つ
カチン
発症前
翌日
むー
ハラたつなー
あいつ…
1週間後
そういや
あれハラたったなーー…
3カ月後
やっぱ
あいつ
嫌いだなー
……
ま
どーでもいいけど
怒りの気持ちはうすらいでいく…
発症後
翌日
ムキー
マジハラたつ
あいつー
1週間後
ムカムカ
ムカつくんだよ
あいつ
3カ月後
ムカ
ハラたつ
ハラたつ
ハラたつ
同じサイズの怒りが続く

16 正義感の爆発

基本的に易怒とは、**発症前にいっさい怒りの感情がわかなかった事がらに対して怒るわけではなく、元々怒ったであろうことへの怒りのサイズがとてつもなく大きくなる症状に感じます。**なので以前から自分がこだわっていたり、ポリシーに反することがらに対して感情を爆発させる傾向がある。いわばそれは「正義感の爆発」「主義信条の暴発」です。ぼくの場合は、赤の他人の歩きたばこやゴミのポイ捨てなどをどうしても見逃せなくなり、相手を狙撃したいような猛烈な暴力衝動に駆られました。当事者の中にはアンガーマネジメントの「その場を離れる」「10秒我慢する」といった試みをしても耐え切れず、すれ違った相手を改めて追いかけてトラブルを起こしてしまった話も聞きます。

ここで問題なのは、**特に自分の主義信条に抵触しない場では怒らない**ため（職場だけで易怒が起きる等）、障害特性を見逃されてしまうケースがあることです。さらに、そもそも「自分がもともと正しい」と思うことに怒りを暴発させているので、「症状で怒りが激化している」という自覚が立ち上がりにくいことも大問題。一方で、「怒っても仕方ない」という諦めの感情が元々強い当事者は、脱抑制の症状があるにもかかわらず易怒で困ることがほとんどないようにも感じます。

元々腹が立つけど我慢できたこと

高次脳機能障害になったあとは、怒りっぽくなるってほんと？

鈴木

ぼくは、発症前だったらまったく怒らなかった、イラっともしなかったことに対しては易怒は発生しないと思っています。ほかの当事者の話を聞いていても自分のことを考えても、要は、怒りやすいのは自分の主義信条やイデオロギーが強い部分だったりするように感じていて。発症前から大事にしていたところに特化して易怒が起きやすいということは考えられるでしょうか？

山口

確かに、前頭葉症状で「行き過ぎた正義感」と言われている症状なので、正義感が異常に高まってしまって「許せない！」という気持ちが強く出過ぎるのだと思います。だけど当事者全員が元々そういう正義感が強かったかどうかはわかりません。「今まで怒らなかった人が最近怒りっぽくなった」っていう話はご家族からよく聞きます。

以前、駐輪場じゃないところに置いてある自転車を蹴っ飛ばした人に「そういうことは病気の前はされていたの？」って尋ねたら「いや実は俺も置いてました」っていう人はいました。だから発症前の価値観で易怒が起こるかどうかは普遍化できないと思っています。

長谷川

ここで大事なのは「本人は判断している」ことだと思います。周りから見たら「人が変わったんじゃないの？」と思われるような怒り方をするので、「そこまで言わなくていいんじゃないの？　怒らなくていいじゃない」と一般的には思われがちです。例えば自転車を蹴りまくると「何やってんだ？」と周りは思います。だけど「これはダメだ」と判断して行動しているということを周りが認識することが非常に大切だと思っています。

この人は駐輪場にある自転車は蹴らないで、駐輪場

にない自転車だけを蹴っているだけですから。

鈴木　そう。判断しています。本人の中では間違いなく正当な理由があって、怒っているんですよね。ただその怒りのサイズが尋常ではないので、周囲から見るとおかしくなってしまったように思われても仕方がない部分はあります。でも、理由なくブチ切れているわけではない。

長谷川　そのはずです。だから「判断をしている」ということをきちんと周りが理解する必要がありますね。

鈴木　なるほど。確かに理由なく怒っていると思われたら、症状ではなく人格の問題にされてしまうし、その理由を怒る必要がないように改善してもらう道も閉ざされてしまいますね。「判断して怒っている」を知ってもらうのは第一歩かもしれない。

長谷川　怒って行動してしまったあと、しばらくしてまずかったなといったことはなかったですか？

鈴木　もちろんありますよ。ぼくの場合は行動の前に、怒りを言動に出してはならないという抑制がものすごく強いので、それでも耐えきれずにいざ暴発するときは頭が真っ白で。我に返った後はもう、あまりに激しい自罰感情で、自殺を考えたこともあります。

長谷川　大変でしたね。

鈴木　他の当事者の話でも、大切な家族に対して暴言暴力を振るったあとに、死にたくなるほど自罰的になったという声は多いです。

そういう人たちへのアプローチは、まず投薬で症状としての易怒をコントロールすることもあるとは思いますが、加えて自身が怒っている事象が「そもそもあんまり怒るべきことじゃないよね。怒ってムダなことだよね」っていう風に、本人の中の怒りの認知バイアスを解除するような支援があればいいのになと思っています。

山口　この段階では「頭ではわかっても止められない」という状況だと思うので認知バイアスを解除するのは難しいと思います。むしろ、怒った後につらくなるという感情を共有することで、ご本人の「どうにかしたい」という思いを大事にするところからだと思います。

長谷川　怒りだけじゃなくてほかの感情にも触れると、例えばよく涙を流す場面があります。こういう病気になっている人を見るとひとつのことにものすごく感激したり感動する場面が日常的に増えるのだと思います。例えば失語症の人がコーヒーを買いに行って、買えたら万歳！　くらい喜びを感じるそうです。

鈴木　確かに受傷したことによって感動的なイベントが増えました。今までだったらなんでもないことに心が動きました。

長谷川　私の妻が一時期、雑草に感動していました。私は「ここに小さい花があるね」ぐらいで終わるのですが、妻は「生物が生きている」感覚が発症前とまったく違ったそうです。自分が置かれた状況で、感動的な場面が増えれば涙になったり喜びになったりすると、今のところ考えています。

鈴木　ものすごくわかります。脳損傷というかなり大きなライフイベントを経験することによって、生きているだけでも奇跡のように感じたり、気づかないうちに支えてくれていた存在に気づいたり、傷つく部分もある一方で、あらゆるものに感謝することが増えました。身の回りのすべてのものの美しさに心が動く、そういった感受性が高まるのもあるとは思います。ぼく自身は、毎日何かに感謝して、毎日何かに目頭が熱くなるような時期が1年ぐらい続いたと思います。こうしたポジティブな感情の脱抑制は、当事者とご家族との関係性の改善や主体的にリハビリ課題に取り組むために、うまく活用できそうな気もします。

感動…!!
夕焼け小焼けの
赤とんぼぉぉ～

ぼっち易怒発作

絡まったイヤホンのコードやワイヤーハンガーを解くことに、怒りを爆発させてしまう。発作的な易怒は、対人関係が絡まない事案でも日常生活の多くのシーンで発生しています。ぼくの妻はこの状況を「ぼっち易怒」と失礼な呼び方で表現していましたが、わかっていただきたいのは、周囲から見ていれば単にひとりでイライラしてブチ切れている状況の当事者が、**その瞬間は膨れ上がる怒りの制御にとても苦しい思いをしている**こと。そして制御しきれなかった自分への呆れと失望で落ち込みもすることです。

物語作品を楽しめない

情報処理速度が遅い時期は、字幕の映画が見れなくなってしまいましたが、なんとか字幕が追えるようになったあとには**「物語についていけない」**ことが増えました。新しい登場人物や物語の背景設定を、見た先から忘れていってしまうことが主な原因です。また時間軸が飛んだときにその状況を把握する際や、解釈が必要なセリフに集中したり、逆にダラダラと続く戦闘シーンをぼけっと見ているときにも、物語の記憶が飛んでしまいます。「次回作で明らかになる裏設定」などもまったく理解できなくなってしまい、映画やドラマを以前より楽しめなくなりました。

新規課題に失敗する

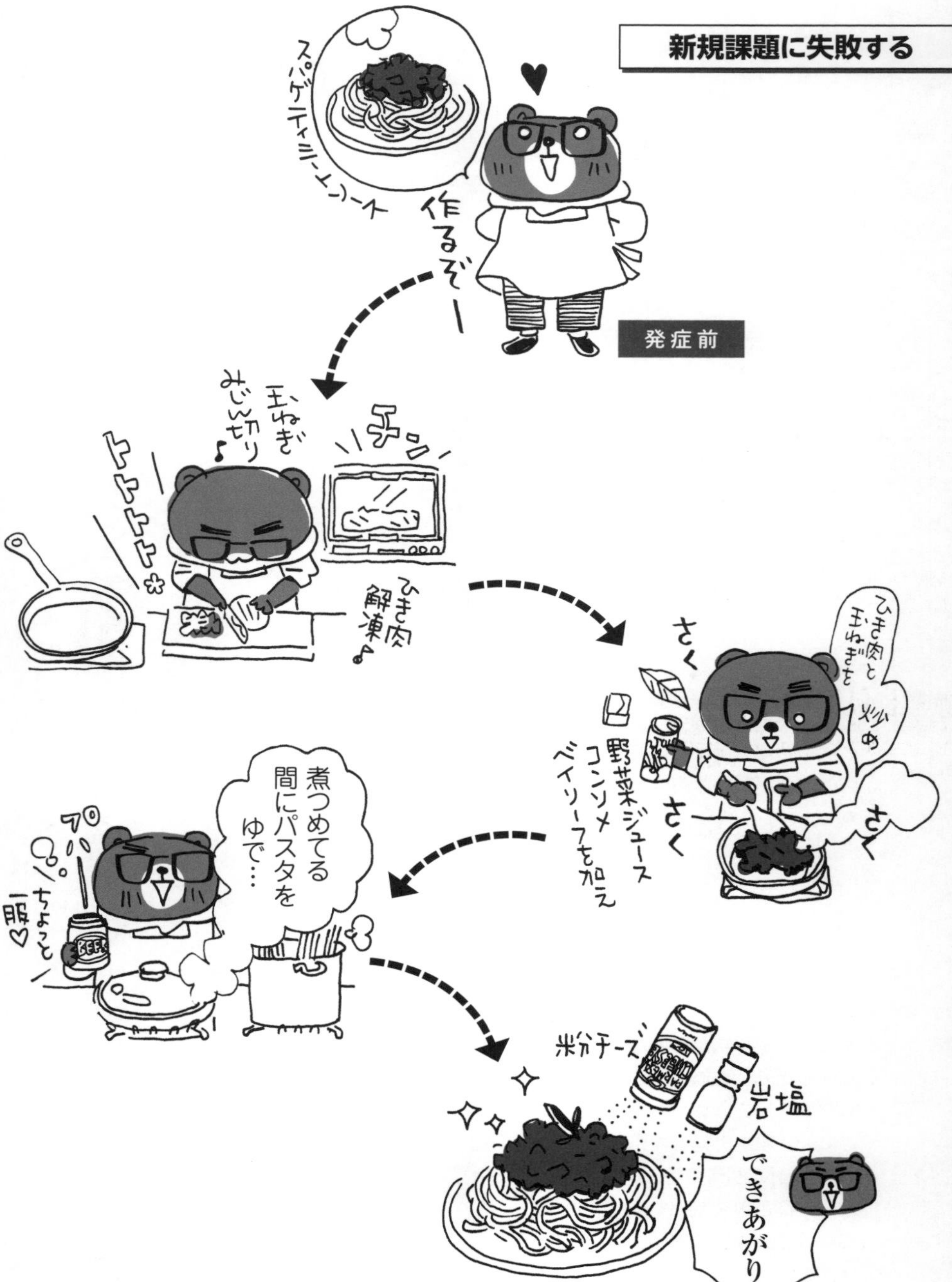

スパゲティミートソース
作るぞー
発症前
玉ねぎみじん切り
トトトト
チン
ひき肉解凍
ひき肉と玉ねぎを炒め
さく
さく
さく
野菜ジュース コンソメ ベイリーフを加え
煮つめてる間にパスタをゆで…
プパ
ちょっと一服
粉チーズ
岩塩
できあがり

発症前経験の有無

「手続き記憶」とは、自転車の運転や楽器の演奏など、訓練によって習熟した長期記憶のことを指しますが、病後にぼくが何より驚いたのは、台所でのことでした。受傷前に何度も作っている料理であれば、何も考えずに準備と作業を進め、しかも同時並行でいくつかのことができたりもする一方で、もっと簡単な料理であっても未経験のものをレシピ通りに作ろうとすると、混乱してまったく作業が進まないのです。この「習熟した課題と新規課題の難易度の差」は、周囲の理解も非常に難しい部分でもあります。

気づくとパニック

ラジオやテレビを流しながら仕事や家事をす、「ながら作業」をしていると、「いきなり人の言葉が聞きとれなくなる」「次に何をすればいいのかもわからなくなる」というパニックに近い状況が唐突に訪れることがあります。これは実は、発作的な易疲労（認知資源の枯渇）。ほとんど聞こえないような音でも、当事者の脳は水面下で無意識にその意味を聞きとろうとして、**こっそり認知資源を消耗させている**状況にあるようです。自宅だけでなく、アナウンスの入り乱れる駅構内、飲食店で流れるラジオ番組や定食屋さんのテレビ、あらゆる「流しっぱなしの言語情報」のある場で起きます。

※対策は 85 ページのコラムを参照してください。

作業中断が超鬼門!

作業を中断すると、中断先で気になったものに注意が持っていかれ、非常に高確率で元々の作業をしていたのかをさっぱり忘れます。

スマホのニュースサイトでパニック

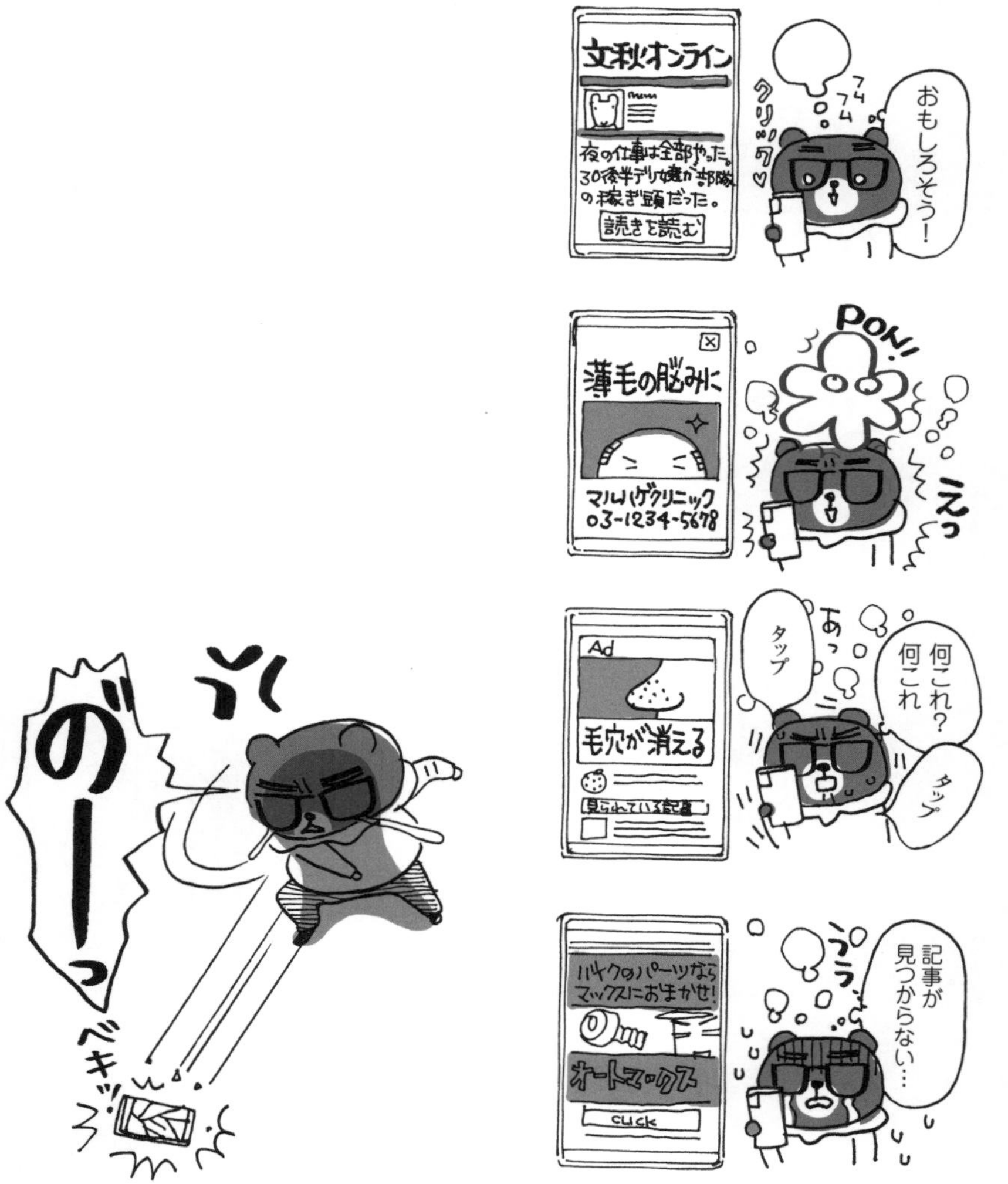

スマホのニュースサイトは超鬼門！！　読んでいる途中にポップアップ広告が入ったり、データの読み込みが遅くて画像を読み終わったときに見ている画面が一気にスクロールすると、**見ていた場所を完全に見失って**再び探すのに大きな労力を取られるうえに、読んでいた記事の内容も頭からぽん！　と飛んで消えてしまいます。

玄関来客で混乱

　家庭内で何か作業中、突然の来客があった際に起こるのが、まず自分が何をすればいいのか、いくつもの選択肢の中から選べずパニックで固まってしまうこと。これは**作業を突然中断せざるを得ないときには、ほぼ100%起こる**ものです。

押し売りが撃退できない

コミュニケーション能力の低下は比較的多くの人に起こり得ますが、ぼくにとって非常に難易度が高かったのは、**「食い下がる相手に対して断る」というコミュニケーション**でした。最悪の敵だったのが、玄関口に訪れるしつこい押し売り。ああ言えばこう言い返される。どう言えば追い返せるのか、頭の中に言葉が出てこないし、出てきたとしても選択できず、どうにもできずに怒鳴って追い返す（もちろん血圧は危険レベル）ことまでありました。当事者によっては、結局追い返せずに泣く泣く契約を結んでしまうこともあるこの症状、そのリスクは周囲にも必ず知っておいてほしいものです。

17 何度も同じ話をする

「何度も同じ話をする」のは当事者によく言われることですが、単に以前話したことを忘れているケースの他に、言葉の選択がうまくできない不安がベースになって「本当に自分の気持ちや意思が伝わっているかわからない」ために何度も話を繰り返すケースもあります。**その根底にあるのは、強い不安の感情**です。当事者としては、より伝わるように言葉を変えて伝えているつもりですが、周囲からすれば同じことを繰り返していてクドいと感じることも。「伝わった」という気持ちは忘れにくいものなので、一度伝わったと思えばもう同じことは言いません（伝わるまで言い続けるのが当事者です）。

18 大切な人ほど言葉が出なくなる

超大事な
姪っ子ちゃん

コミュニケーションが困難になる中で、もっとも苦手なのが「言葉を選んで話さなければならない。間違った言葉を出したくないというシーン、相手」です。ぼくの場合は、**警戒している苦手な相手でも、一番大切な言葉を伝えたいと思っている大事な友人でも、同じように言葉に詰まりました。**妻は「それは初恋と同じだ」と言いましたが、例えるならそれは、大事な家族を亡くして深く落ち込んでいる友人に、お葬式で会ったときの感じ。どう声をかければいいのやら、頭の中に適切な言葉が一つも浮かばずに、文字通り「言葉がない」状態。あの状況がずっと続いているような、そんなレベルの話しづらさです。

申請用紙

行政から郵送されてくる申請用紙などは、たくさんある説明用紙の中の、**どの用紙から読み始めればいいのか**、どこをどの順番で読めばいいのか、「別紙Ａを参照して」などと書かれている**別紙のＡという名称がどこの紙のどこに書かれているのか**、そうしたすべてのことを大量の情報量の中から「探し出せない」ために、非常に強い混乱に陥ることがありました。「どうしてこんなに不案内なのか」という怒りの脱抑制も背後にあったと思います。

19 あいさつがしんどい

病後のぼくは作業療法士の指導もあって毎日ウォーキングやジョギングをするようになりましたが、そこで困ったのが「ご近所の方とのあいさつ」です。これは脳の情報処理速度が落ちているぼくにとっては、「突発の異常事態」！ 相手が自分の進行方向にいることに気づいてから実際に**あいさつをするまでの間に、相手との関係性はどのぐらい親しくて、どのようなトーンと表情であいさつをすれば失礼に当たらないかを咄嗟に思考・判断**しなければなりません。それだけでもう頭の中は大混乱。

けれどももっと困るのは、実際相手と**目を合わせてしまうと、過集中によってその視線を上手に外せないこと**です。目が合ったままというのは通常相手にとっては「何か用事があるのかな」と思わせてしまう状況なので、こちらが黙っていれば微妙な空気……。そんな中、話の長い高齢者につかまって一方的に話す相手から逃げられずに終わりを切り出すタイミングがつかめず仕事に遅れてしまったり。一方で本当は親しいはずの相手と目を合わせることもできずそっけないあいさつだけで通り過ぎてあとから後悔で悶々としたり……。

当事者によっては、こうした経験から引きこもり化してしまうこともあるようです。

ドドキキ
こんにちは〜〜〜
どーもー
ピタッ
ん？
オレと話したいのかな？
うううっ…
それでさ
あれでさ
でさでさでさ

20

お会計はいくら？

レジの前で、店員さんが言った支払額の小銭を数えているうちに、いま言われたばかりの支払額がわからなくなる。しどろもどろに店員さんに聞き返してまた小銭を数え始めるも、いやいや支払額以前に、いま数えている小銭が、何枚まで数えたのかわからなくなっている!!

たった三桁の数字が、瞬間で脳内から消えていく！

これは急性期病棟の購買で、ぼくが一番初めに自覚した自身の記憶障害の症状でしたが、その後日常生活に戻ったのちも年単位でレジ会計、特にコンビニの会計には困難感が伴いました。その理由は、**レジ前が非常に情報過多な空間**だからです。

店内には**常に音楽やアナウンスが流れ**、**新たに来店する客がいればチャイムが鳴ります**。店員さんは「カードありますか」「お箸お付けしますか」「スプーンは使いますか」などなど**矢継ぎ早に聞いてきますが**、**それぞれにどう答えればいいのか**、**情報処理速度が遅い当事者は咄嗟に言葉が出てこない**。

さらに、そうした「チャイムが鳴る」「質問への返答に戸惑う」といったところに注意が向いた途端、支払額も、どのように返答するかの思考も瞬間消去されてしまうのです。

764円です
764
ピッ
764円…
いち…
に……
……さん
アニマルマート
おにぎり全品
20円引き!!
おはし
おつけしますか――?
ピロリロリロリロリロー♪
あ いらっしゃいませ――
764円
すぽぽぽぽーん
おはし
20円引き
ピロリロピロリロ
はじめに戻る…
ヒイイイ
今何枚数えた!?
そもそも合計いくら!?
イイイイ

列に割り込まれる

情報処理速度がある程度回復するまで、年単位で続いたのが、受付やレジなどで並んでいるのに、割り込まれてしまうこと。これは周囲の様々な情報を把握して、咄嗟に「ここなら並んでいると誰にでもわかる」という正しい位置取りが判断できないのが原因です。何度も繰り返すうちに、どこに並べばいいのか毎回悩んで不安になったり、前に並ぶ人の位置取りが曖昧でイライラしたり、せっかく並んで長時間待っていたら実は「お待ちの方はこちらにお並びください」と書かれた案内表示を見落としていて、ぜんぜん違う場所で待っていたことも……。

妨害情報で記憶も思考も奪われる！

頭の中に今見たこと聞いたこと、いま思いついたことを留めておくことが難しい＝作業記憶の低さ。さらにいま注目すべき情報に注意を維持できない＝注意機能の低下。

この合わせ技として非常にやっかいなのが、何かを必死に頭に留めおこうとしている際に、横から不要で強い情報（音でも光でも動くものでも）が入ったときに、**せっかく頭に留めておいた記憶も思考も、いきなりまっしろになってしまう**ことです。

当事者の心理としては、「邪魔された」「記憶や思考を奪われた」というふうに、非常に被害的な心理が立ち上がりがちです。【鈴木】

21

助手席でいきなりパニック

妻の運転する車の助手席に座っているだけで過換気《かかんき》呼吸の発作を起こしてしまうことがありました。普通に妻の話に受け答えして静かに座っているだけなのに、どんどん息苦しくなり頭が回らなくなり妻の言葉も聞きとれなくなり、発作に至ってしまう。原因は、98ページの「流しっぱなしの言語情報」と同様で、実は特に車の運転経験のある当事者は、助手席に座って目を開いているだけで、無意識に周囲の景色や交通状況、地理的の把握などの**環境情報を「運転者目線」で処理し続け、認知資源をいつの間にか使い切ってしまう**ようなのです。初めてこれを経験したときは「脳梗塞再発か」と深い混乱に陥ったものです。

運転中に声をかけられると…

　知らない場所で道を探し探し車を運転しているときや、初めて通る高速道路の分岐点などで「横から声をかけてほしくない」人は少なくないと思いますが、病後はさらに苦しくなりました。脳の情報処理速度が取り戻されるまでの間はあらゆる「咄嗟の判断」が苦手。判断に必要な記憶や思考が横からの声かけによって注意を奪われて、その瞬間に右がどちら方面か、左がどちら方面かが脳内から飛んでしまうのです。

　短時間で判断を求められる状況で「妨害的情報が記憶を奪う」の典型的なケースですが、同じことは探し物をしているときや出かける準備をしている際の声かけ等々でも頻発。ご家族には**「そのタイミングの声かけで当事者の記憶や思考が奪われている」**ことをなんとか理解してほしいものです。

走行中にどこにいるかわからない！

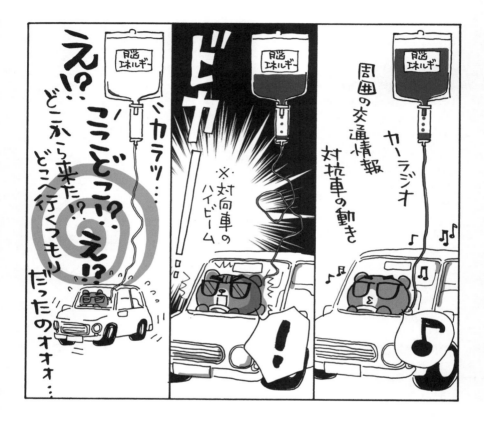

走り慣れた近所の道を車で運転中、突如として自分がどこにいるのか、どこから来たのか、どこへ行こうとしているのかがわからなくなって混乱する。これは免許継続が問題ないとされた当事者から聞く症状です。車の運転は、交通状況の判断、運転操作、目的地へのルート、助手席の人との会話やカーラジオの聞きとり等、**意識していなくても脳の認知資源を消耗する作業**だからでしょう。いつの間にか認知資源が枯渇して、情報処理が一瞬にしてできなくなったわけです。ぼくの場合は一本道の高速道路を走る分には何時間でもまったく疲れを感じませんでしたが、雨の日の夜などで対向車の強いライトが目に入ったときなどに、この「ここはどこ？」現象に陥ることが、受傷後４年ぐらいは続きました。

運転免許の更新

脳疾患や脳外傷は、道路交通法施行令第33条2の3「自動車等の安全な運転に必要な認知、予測、判断又は操作のいずれかの能力を欠くこととなるおそれがある症状を呈する病気」に該当します。高次脳機能障害がある場合には、運転免許センターでの適性相談や臨時適性検査を受ける必要があります。

免許更新時には質問表に基づいて自己申告を行うとともに、医師の診断書提出が必要になります。自己申告するときに虚偽の記載や報告をした場合には、罰則規定が設けられています。

受傷発症による「免許停止」は6カ月以内です。主に注意障害などの症状から、運転が危険と判断されます。停止後、医師から診断が出れば運転可能です。まだ難しい状態が続くようであれば、再度停止の診断書を提出し、停止期間を延長できることもあります。

取り消しとなった場合は、決定後1年間は欠格期間ですが、1年～3年までの間に運転ができるとの診断書が提出できれば、臨時適性検査を行ったうえで運転再開が可能になります。

運転を希望される方は、机上の検査だけでなく、シミュレーターや教習所での実車による確認というように教習所と連携して評価・助言を行っている都道府県もあるので、各都道府県の高次脳機能障害支援拠点機関に相談されるとよいと思います。【山口】

医療機関での相談や検査（診断書作成）→運転免許センターでの検査

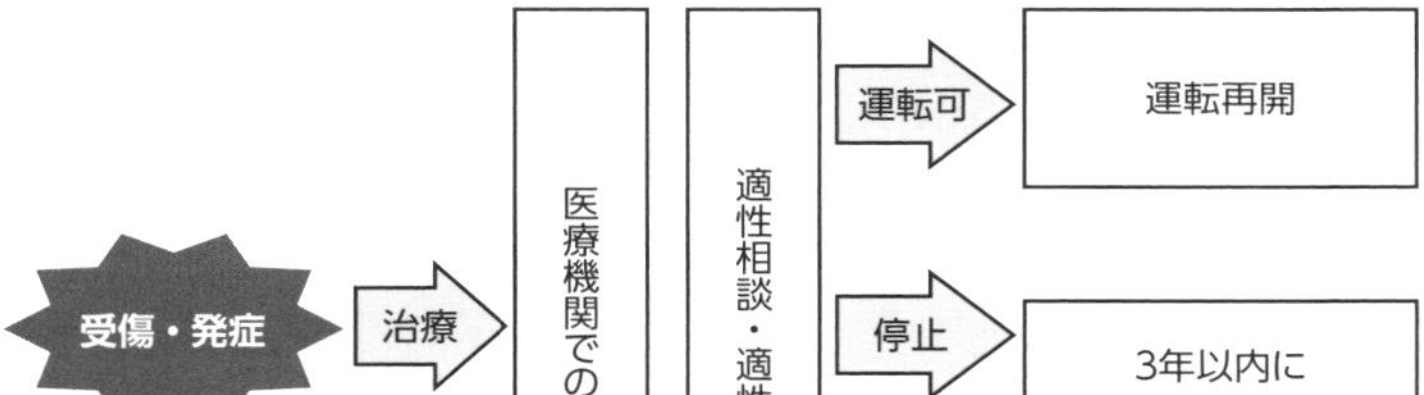
医療機関での診断
適性相談・適性検査
取り消し
運転できる状態に
回復すれば
臨時適性検査の
再検査が可能

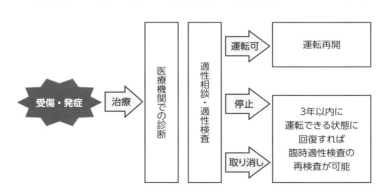

ぼくたちが苦手なシーン10選

①デパート1F

入り口付近はほかの場所よりも構内放送のボリュームが大きく、たいてい宝飾品店や化粧品売り場などの過剰な照明で商品がギラギラ光っているまばゆいエリアが続きます。**入店した瞬間に、目的が頭の中からすっ飛んでしまう**こともしばしば。

②スーパーの鮮魚コーナーとセルフレジコーナー

特売商品の情報をラジカセから大音量で流し続けているコーナーは耳栓なしで突っ込むと100%パニックになります。また、セルフレジの操作案内は基本的に音声と大きな電子音が並んでいる複数の機体から同時に出て、入り交じります。当事者には周囲のどの機体の音声も全部同じ情報量で脳に入って来るため、まさに地獄の空間。

③ショッピングモール

　フードコートや通路で子どもの動きにパニックになることがあります。子どもは走り回るうえに**どちらに方向転換するかわからない「情報量の塊」**。高齢の当事者の中には親への感情が爆発し、それによってトラブルになりかけたという声もあります。

④100円均一ショップ

　同じような種類の商品が大量に並んでいる棚を前にすると、すべての色、文字が全部洪水になって脳に流れ込んでくるようで、**特定の商品を探し出せません**。まるで大量の色とりどりのボールがある中から、ひとつだけ直径が数ミリ小さな赤いボールだけを見つけろと言われているような、かなり強い困難感を伴うタスクです。

⑤役所や大学の講堂、ホテルのロビー

大きく広い空間は静かだからこそ、あちこちにいる人の声が「聞きとれない程度の明瞭度で反響」していて、**「処理困難な情報の渦」**に感じられます。笑う人の声や靴音なども注意を持っていかれがちで、ひとつの思考を続けることが困難に感じたりもします。

⑥雨の中の街中

周囲の情報を読み取って咄嗟に「正しい位置取りができない」ため、他人がさす傘の「露先」の部分に敏感になります。視界内でたくさん動く露先に注意が持っていかれ、距離感がつかめず**自分の目に刺さってきそうで思わず立ちすくんでしまいます。**他人に当たらないよう、雨に濡れないように傘を持ち続けることも同時処理で行うため他の思考ができず、道に迷ったりどこに向かっているのか一瞬わからなくなることもたびたびありました。

⑦ぼくたちにとっての騒音

街中には多くの「聞かなくていい騒音・聞きとれない騒音」がありますが、当事者の脳は意識せずとも**そのすべてを脳が処理してしまう**聴覚過敏の状態にもあります。

さらに、特定の苦手な音によって、より強く記憶や思考を奪われがちという傾向も……。ぼくは、車のブレーキディスクがパッドと擦れる摩擦音、ネズミや若者のたむろを防ぐためのモスキート音などが苦手で、この音を聞くと横っ面を殴られたような感覚で、考えていたことが頭の中から一瞬で奪われてしまうことがありました。他の当事者の話を聞くと、車のエンジン音、交差点の音響式信号から風の吹く音まで、いろいろな音が苦手という声があります。

⑧呼び出しベルのない飲食店

飲食店で忙しく働く店員さんに声をかけて呼び止めて、注文をすることに不便さを感じました。どのタイミングで声をかければいいかわからないし、どんな声かけをすればいいのかが咄嗟に頭に思い浮かばない。**その間に他のお客さんに割り込みされます。**呼び出しベルのないお店や回らないお寿司屋さんに不安なく行けるようになるまでには、4〜5年かかりました。

⑨同じ商品の棚

買い物で同じような商品がたくさんある中、商品情報を比較して商品を選ぶのも、非常に困難なタスクです。価格、容量、カロリーや塩分、メーカーの信頼度等々、比較する要素をすべて書き出して「一つの視界の中で見比べる」ことができたなら可能だったでしょう。けれど、手にした商品を棚に戻した瞬間にその商品情報が頭の中から消えてしまうので、**頭の中だけでその比較ができない**のです。

頼れる人がいれば百人力

日常生活に戻る中、驚くほど当たり前のことに毎日失敗する日々が続きましたが、その中で何よりビックリしたことが「妻が横にいてくれるだけで多くの不自由が解消される」ということでした。そう気づいた初めの体験は、ゴミの分別にパニックになっているときに妻が隣で作業の一部分を手伝ってくれるだけで、混乱した頭が一気にクリアになって、やるべきことや順番が見えてきたというもの。その後も駅構内でパニックになって座り込んだときに妻が「手を取って導いてくれた」だけで、周囲の聞きとれなかったアナウンスや読めなかった文字が「いきなり意味を伴って頭に入ってくる」、壊れていた世界が一気に現実感を取り戻すような体験がありました。

これは、単にぼくがすべき作業や脳の情報処理の一部を妻が代行してくれたことだけでなく、**混乱状況にある当事者の脳のリソースを、「考えても解決しない不安」による情報処理が奪ってしまっていたことが原因**でしょう。こうした経験のあと、ぼくは自分ができないであろう、不安を感じたり混乱やパニックを起こすであろうあらゆるシーンに、妻の同行をお願いするようになりました。

また、非常に興味深いのは、何か作業を手伝ってもらった際に、10あるうちの苦手な部分を1手伝ってもらうことで、ぼく自身がやれる作業の総量が15になる。2を手伝ってもらったら20できる。つまり、手伝ってもらう量と、それによって新たにやれるようになることの量がまったく比例しないことでした。

高次脳機能障害の当事者は悪い意味で「依存的になる」と言われますが、当事者自身にとっては、頼ることで自身の本来の能力を発揮できるからこその依存であって、それは生存戦略でもあります。

何もしてくれなくていい。ただ信じられる人がそばにいてくれるだけで、混乱せずに**やれることがやれる**。受傷前の信頼関係に大きく左右されることとは思いますが、多くのご家族が、当事者にとってそのような存在になってくださることを願います。

【鈴木】

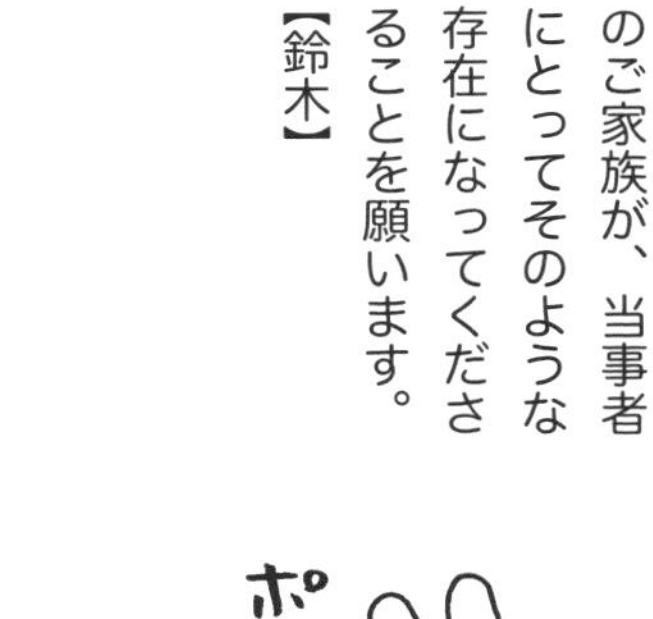

⑩行政の申請作業

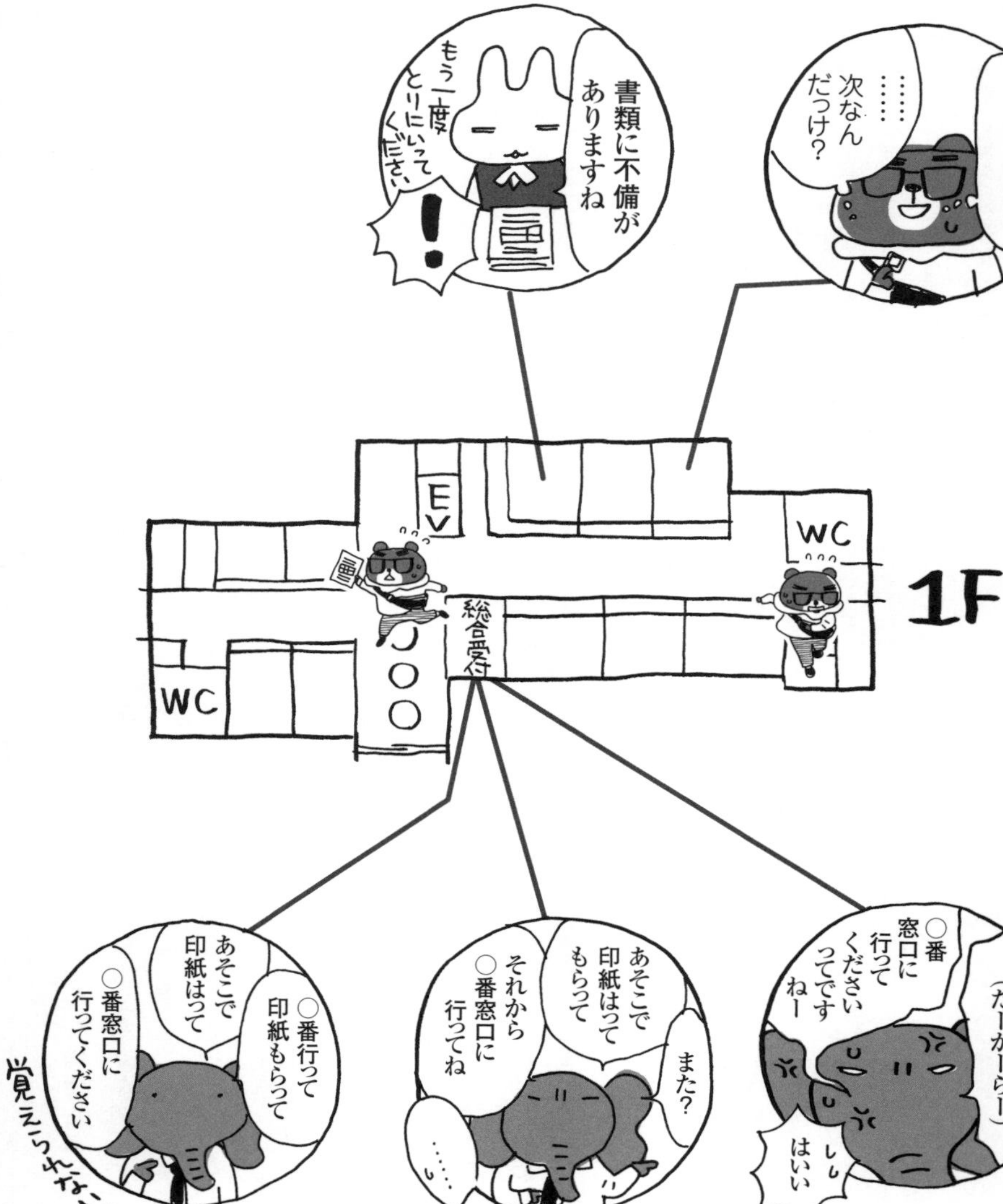
印紙ゲット！
……次なんだっけ？
書類に不備がありますね
もう一度とりにいってください
！
EV
WC
総合受付
WC
1F
○番窓口に行ってくださいってですねー
……（だーからー）
はいい
あそこで印紙はってもらって
それから○番窓口に行ってね
また？
……
○番行って印紙もらって
あそこで印紙はって
○番窓口に行ってください
覚えられない…

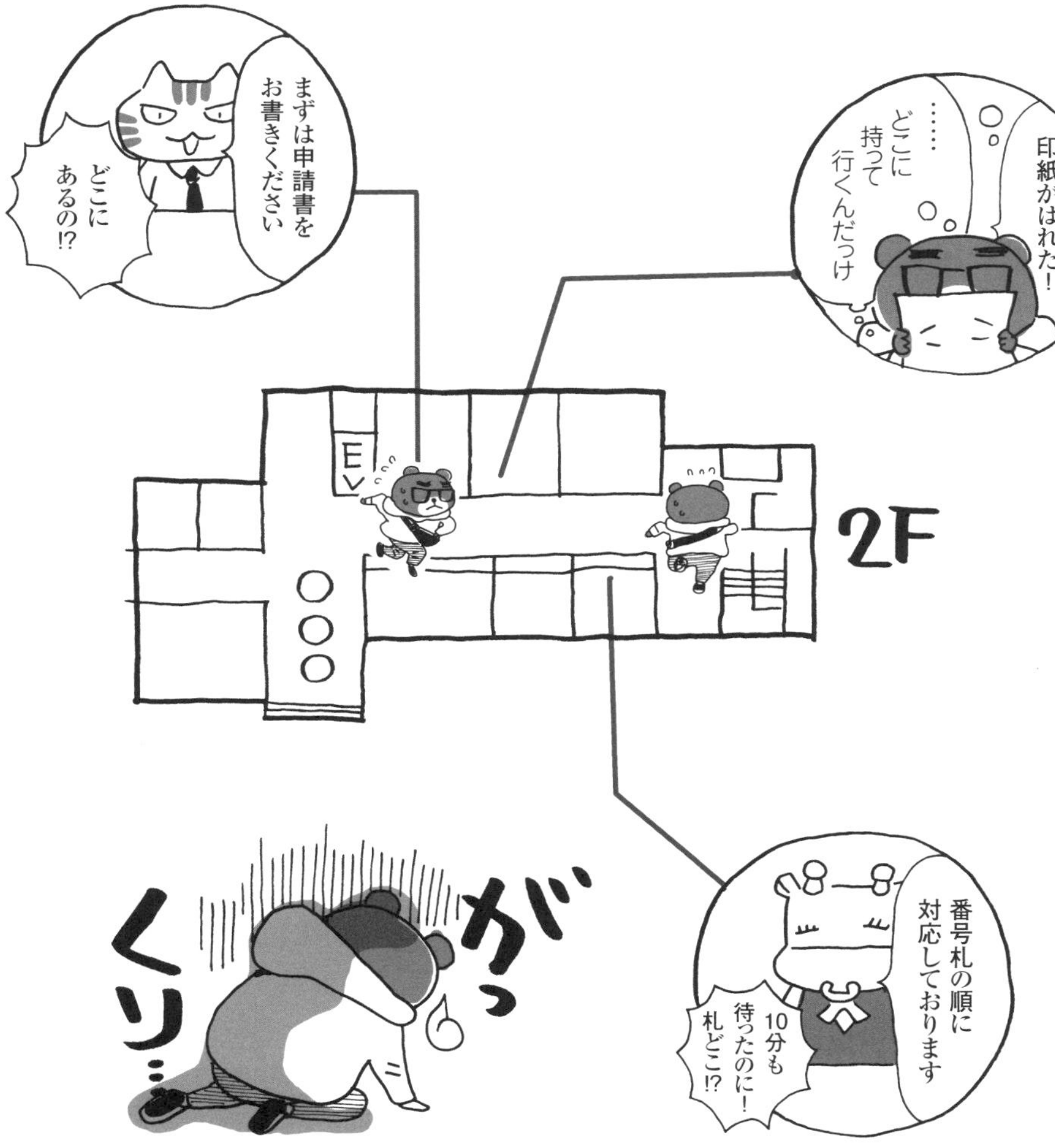

役所など行政の窓口では、まず構内にある**たくさんの案内表示の中から目的の課を探すことが困難**。なんとかたどり着いても、聞きなれない専門用語を含む説明はとても早口に感じて聞きとりづらいし、いくつもの手順を一気に言われても覚えていられるのは一つだけ。**情報量の多い構内で、指示された窓口を探すのも難しいし、探している間にもどこに行くのか忘れてしまい、何度も同じ窓口に説明を聞き返しに戻るハメになります。**「○番記入台の赤い紙に記入→次は○番へ」等と手順を紙に書いておいてほしいと何度願ったことか。窓口で整理券（番号札）を取って待つ際にも、声をかけてもらわなければ整理券制になっていることや発行機の存在に気づかず、何分も窓口前で待ちぼうけを食らうこともありました。

最大のリスクは、孤立と貧困！

　ぼく自身は高次脳機能障害の当事者の中でも様々な面で非常に恵まれていました。障害程度が軽く、元々障害についての基礎知識があって、自身でも代償手段や環境調整に挑めたこと。元々フリーランスの仕事で、自分のペースで復職できたことや、不安定な仕事ゆえにローンなどをいっさい組まず、現金で安い持ち家を買って固定費を下げ、しばらく仕事がなくても問題なく生活できるだけの貯金をしてきたこと。そして何より支えてくれる家族や友人、支援職の知人などにも恵まれていたこと。

　けれどそれらがいっさいなかった場合、またはどれかがなくなった場合、間違いなくぼくには「社会的孤立」そして「貧困」のリスクが降りかかったと思います。

　その理由は、ぱっと思いつくだけでも6つあります。

①医療や福祉サービスなどを受ける際に必要な行政上の（発症前経験がない）手続きを、自力では完遂できないこと。

②電話での問い合わせなど、口頭で自身の状況を合理的に説明するのが非常に困難なこと。

③理解してもらいづらい相手に対して食い下がって交渉するといったコミュニケーションができないこと。その際の感情のコントロールなども非常に困難なこと。

④自身のおかれた状況を網羅的に把握できず、最優先でやるべきこと（支払いや手続き等）が何なのかを自力で判断できないこと。

⑤即やらなければならないことがあっても、生活の多くの課題の中でそれを覚えていられないこと。

⑥不安の感情を抑えることに脳のほとんどのリソースを奪われて、何も考えられなくなること。

　書き出していればキリがありません。これはおそらく発達障害や精神疾患の当事者にも当てはまると思いますが、他者から見れば「なんで破滅を目の前に何も動かないんだろう」という状況で、ぼくたちは固まってしまいます。

　高次脳機能障害は、ひとりでは決して生きていけなくなる障害であり、様々な資源に恵まれていない当事者は「必然的に社会的孤立・貧困状態に陥る」。そしてその状態から脱出するのも難しくなる。

　そのリスクを改めて強調したいと思います。【鈴木】

PART 4

お仕事編
できると思って
大玉砕

日常生活に戻ってからは「どうしてこんなことに失敗するんだろう!?」と驚く日々が続きましたが、仕事に戻る中では「当たり前にやれると思った仕事で大玉砕（失敗）」という経験を幾度となくしました。ちなみに96ページに書いたように、当事者は「発症前に習熟していることならできる」という傾向があり、いま思えば信じられませんが一冊目の闘病記の企画書を書いて担当者にメールしたのは、発症12日目の急性期病棟内（妻の持ってきた折り紙教本の意味を理解できなかった時期）。担当していた連載漫画の原作シナリオ執筆も、退院直後には再開できました。にもかかわらず、復職と同時に日々繰り返される想定外の大失敗！　果たしてそうした失敗と、その背景にあった障害特性とはどんなものだったのでしょうか？

22 ターミナル駅の構内が地獄!!

雑踏、特に複数の電車が乗り入れるターミナル駅の構内は、発症後のぼくには鬼門中の鬼門でした。

まず駅構内は、とてつもなく「速い情報」で満ちています。構内を歩くにしても、前方からくる人を左右のどちらに避ければぶつからないのかわからず（相手の行動が予測できない）、立ち止まるしかない。流れる文字の電光掲示板も、文字を読んで理解する前に流れ終わって次の表示になってしまう。そして早口で聞きとりづらい構内アナウンス……。駅構内には大量のアナウンスが多重に流れていますが、**「そのすべてを聞きとろうとするのを脳がやめてくれない」**。

そして、こうした大量で速い情報に必死について行こうとするだけで、脳内の認知資源がぎゅんぎゅん枯渇し、言葉や文字の意味も頭に入ってこなくなり、さらに脳がいっさい動かなくなってしまった瞬間に訪れるのが**「いま自分が駅構内のどこにいるのかわからない」**という状況でした。

自分がいま、どこから来たのか、どこに行こうとしていたのかが一瞬にして脳の中から消えてしまい、なかなか取り戻せない。それは、「迷った」という感覚より、**見知らぬ場所にいきなりポンと放り込まれたような**状況でした。

みんな高速すぎる
びゅん
シャカ
びゅん
シャカ
特快　本川越
急行　新所沢　10:00
の電車は高田馬場には停車し
快急　本川越
文字が…文字が流れる〜
2番線に電車が入ります
黄色い線の内側に下がって
ガッー
キャハハハ
カッカッカッカッ
ガタン
ガタン
音があふれすぎて…つらい!!
足がすくむ……
一歩がふみだせない……
頭の中はパニックなのに……
ガタン
ガタン
ざわ…
ガタン
ガタン
ガタン
ざわ…
ざわ…
ざわ…
立ちすくむしかない……!!

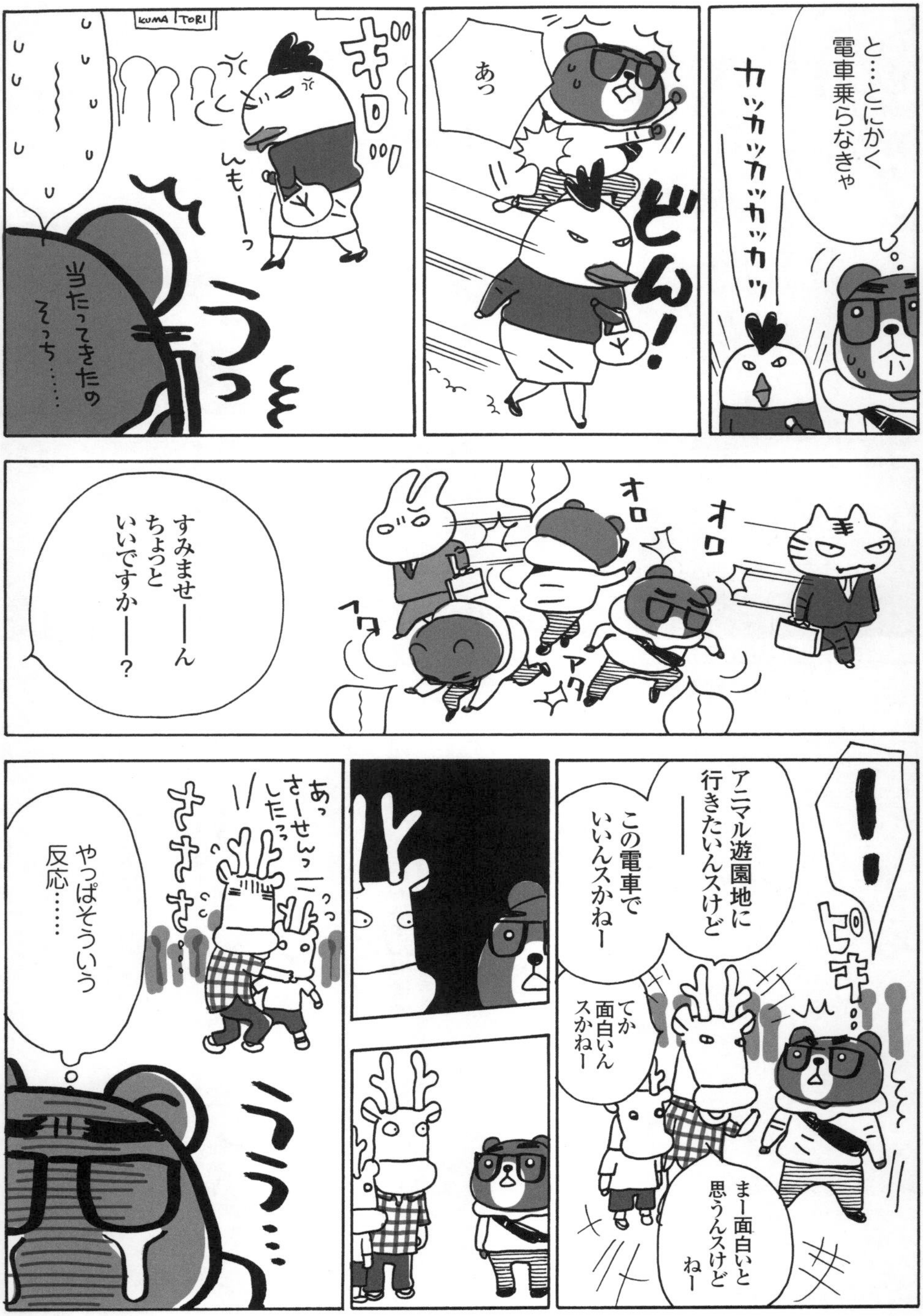
と…とにかく
電車乗らなきゃ
カッカッカッカッカッカッ
どん!
あっ
ギロ
うく
んも――っ
KUMA TORI
〜〜〜
う
当たってきたの
そっち……
オロ
オロ
アワ
アワ
すみませ――ん
ちょっと
いいですか――?
!!
ピキ…
アニマル遊園地に
行きたいんスけど
――
この電車で
いいんスかねー
てか
面白いん
スかねー
まー面白いと
思うんスけど
ねー
あっ
さーせんっ
したっ
さささ…
やっぱそういう
反応……
うう…

そして最終的ステージは、過換気呼吸の発作です。結局ぼくは、その場に座り込むか、通行の邪魔にならない壁際に避難するしかありませんでしたが、他の当事者さんからは駅の救護室に保護されるようなケースも聞くほど、かなり過酷な体験なのです。

また、なんとか情報の速度に対応できるようになったあとにも頻発したのが、電車の乗り継ぎなどしっかり調べて間に合う時間に出発しているにもかかわらず**「待ち合わせ時間に間に合わない」**ことです。

約束の1時間前に現地到着するように余裕をもって準備を始めているのに、なぜか遅刻する！　理由は、注意障害があることに伴う「何かを探す際の時間感覚の喪失」（84ページ参照）。出かける前の準備に伴う探し物や、駅構内で行き先の案内表示板を探すといった、**あらゆる「探す」という行為に想定外の時間が伴ってしまい**、予定通りの行動ができていなかったのです。

まず、せっかく事前にネット検索してプリントアウトした経路表などを確認しても、駅構内の天井付近で番線を案内する構内表示の数が多すぎる。目当ての表示板を探す間に**大きなアナウンス音や発車ベルの音が鳴ると、いま読んだばかりの目的番線や時間もポンと忘れてしまう。**番線案内ばかりを探していると、やはり駅構内で自分がどこにいるのかわからなくなる。

なんとか電車に乗り込んでも、早口のアナウンスは聞きとれなかったり、聞いてもその場で忘れてしまうため、常に緊張状態。さらに混雑した車内で上手に位置取りができず、目的の駅で人をかき分

超ヨユーで
出発したのに
なんで
こんな時間
にいいいいい

けて降りられるか、**「降ります」の言葉が咄嗟に出せるか**、不安が増大！　実際に声を出せたことは一度もありませんでした。

最大の難関は、普段使わない乗換駅の案内表示を探すこと。聞きとれやしない構内アナウンスが大音量でガンガンなり続けているだけでなく、人混み＝情報量の塊があると案内板そのものが探せないため、電車が発車して降車した**乗客がある程度減ってくれるタイミングまでは、立ちすくんで待ち続けるしかない**のです。

結局、ネットの乗換案内で指示された「乗り換え所要時間」では目的の番線にたどり着けず、次の電車を探すために再びネット検索、新たに別の番線探しまで巻き戻されることもありますし、遅刻の連絡などスマホに入力している間に目的駅を乗り過ごすこともありました。

途中で運行障害が起き、振替輸送の案内が聞きとれなくて断念して帰宅したことまで……。

こうした公共交通利用の困難について、対策としては85ページにあるように帽子やサングラス、耳栓などで脳に入る無駄な情報を減らして対応していたものの、最終的に不安感や苦しさを感じずにターミナル駅で正しい行動がとれるようになるまでは、6年以上かかりました（耳栓だけは現在もほぼ常用しています）。

ただ、忘れられないのは、注意機能が少しだけ改善したことを実感した、受傷後4年ごろの体験。その日のぼくはこともあろうか雑踏のど真ん中で、聴覚情報対策としてつけていたワイヤレスヘッドホンの電源が切れてしまったのです。

これはまたパニックになるのか！　と身構えたのですが、なんとそのときのぼくには、街がシーンと静まり返って、歩く人々も「動く歩道」に乗ってスーッと滑らかに水平に移動しているように、世界が穏やかに整っているように感じました。

それは回復したぼくの注意機能によって、短い間であれば不要な情報を脳が無視できるようになったことを実感した瞬間だったと思います（短い間というのは、その日「これは機能が発症前に戻った！」と調子に乗ったぼくが、その後担当者と騒がしいオープンテラスのカフェで打ち合わせをした結果、案の定易疲労によって帰宅できなくなり、妻に迎えに来てもらうハメになったから……）。

なんで!?
どうして?
遅れるの!?
高次脳機能障害
おでかけすごろく START
前日
明日14時 サギ町で お願いします
よしっ
ルート検索
クマ駅13:15
ウス駅13:30
13:35
サギ駅13:55
準備OK!!
当日
探し物でギリギリ出発
駅到着
STATION
よし! 間に合う…
駅の構内アナウンスに思考がポン!!(消去)
POM!
PON!
おちつけ おちつけ
しどろもどろ
まずは昨日検索したルートを…
4番線…
4番線はどこぉおおぉ
ポンちゃん現象リポート
PON!
PON!

乗換駅に着く
次は2番線……
なんとか降りられた
アナウンスが聞こえなくなり不安増幅
どこにいればいい? 今どこ走ってる? 乗り越さないようにしなきゃ…
降りますっていついう…?
ドキ
ドキ
ドキ
耳栓やイヤホンで音をガード
なんとか目的の電車に乗る
ガタン
ゴトン
スマホの通知音に気をとられているうち乗り過ごす
ぴしゃーっ
遅刻連絡
すみません 15分遅れます
目的の電車に間に合わない
運行障害
人に聞けない……
判断できない……
ボーゼン…
乗りたい路線の案内板が見つからず立ちすくむ
出口 EXIT
階段下
STARTに戻る
早起きして準備も万端だったのに…
30分遅刻…
すみません すみません すみません
(一応) GOAL

23 地図を見ても迷う

景色と地図が一致しない…

手に持ったスマホで地図を見ているのに迷う、自分がどこにいるのか、どちらに向かえばいいのかわからない！

これも発症前には未経験すぎて、恐怖を伴うような体験でした。これは、作業記憶が低下している状況では、**手元の地図アプリから目を離した瞬間に探すべき目印であるビル名や交差点名等が頭の中から消え去ってしまう**ことと、街中の膨大な視覚情報から目印を探すのが困難で、やはり探している間に「何を探しているのか」の記憶が飛ぶため。

当初は迷うというより「地図と風景がどうしても一致しない」ように感じて、激しく混乱しました。

24 約束や請けた仕事を忘れる

何もない予定でのんびり生活しているところに「スズキさん、先にお店に入って待っています」といった連絡が来たり、まったく手つかずの仕事について「そろそろ提出いかがですか」といった確認が来る。これもまた、文字通り真っ青になる事案でした。

理由は、発症前は依頼から納品まで半月から1カ月という短期スパンの仕事が中心だったぼくに、請けた仕事を覚えておくためのスケジュール帳管理などの習慣がなかったため。「その約束をした覚えがない。そもそも何の仕事の打ち合わせをやるのかもわからない」「その仕事を請けた記憶すらない」という状況ですから取り繕いようもなく、お先真っ暗な気分になることが何度もありました。

25 本を一冊書けるのに４０００文字のコラムが書けない

びっしり
どの文も削れないっっっ
全部だいじだもんっっっ
あれ？でも何を残すんだっけ…

脳内でいくつもの選択肢を比較するのが困難（記憶が悪いと検討項目を脳内に明瞭に持ち続けられない）な状況では、優先順位をつけることが何より難しくなります。

病後、漫画原作や書籍一冊という8～10万字くらいの文章執筆ができていたぼくだったので、そんな中「４０００文字のコラム」がどうしても書けない体験は衝撃でした。

長文なら書けても短文は困難、その矛盾の理由は、短い尺の文章にまとめるために**書くべき題材の何を削るのか（優先順位づけ）、残した題材でどう構文するのかを同時に考えようとすると、頭が無茶苦茶に混乱した**からです。

26 資料が読解できない

自分で書いた文章は問題なく理解できるのに、他人が書いた企画書や資料はいきなり理解が難しくなる。自分が書いた資料に相手が加筆訂正すると、やはり一気に理解が困難に……。これは自身で書いた文章とは「もともと自身の脳内にある知識や情報を言語化・文字化したもの」だから、**それを読んでも何かを理解するプロセスが必要でない**のに対し、他者が書いたものでは**書かれたことの意図や意味を解釈している間にすでに読んだ部分の内容を忘れてしまう**のが大きな理由でした。ただし、やはり当初は相手の文章力が低いとか、ぼくの企画や資料を相手がきちんと読み込んでいないのではないかという腹立ちの感情が先に立ってしまい……。

27 構想ができない

病後に仕事に戻ってもっとも驚いたことのひとつが「頭の中だけで構想（アイディア）の組み立てができない」ことでした。

何かの案がふと思い浮かんでも、**組み立てようとしているうちに忘れる**。目や耳からちょっとした**邪魔な情報が入るだけで、組み立てていた構想がぶっ飛ぶ**というありさまで、文筆業のぼくがとても頼りにしていた「朝いちばん・起き抜けに思い浮かんだ原稿の書き出し・展開案」も、仕事部屋に行くまでの間に消えてしまったり、猫の一声（妨害情報）でポンと飛んでしまう……。

結局すべての思考は紙の上に書いて組み立てることで対策を立てることになりました。

28 講師業務での失敗

復職直後のぼくがやらかした最悪の致命的失敗は、研修会の講師業務で起きました。なんと500人近い聴講者を前に90分枠の講義をするはずが、45分でテーマを話し終えてしまい、他にもたくさん伝えたい、伝えなければならないことがあるのに何も言葉が出てこなくなって、ほとんど中断のような幕引きになってしまったのです。

その理由は45ページに書いたように「脳内ですでに言語化・整理されている情報」は脳内ノートを読み上げるように話せるために「やれるのでは」と誤認してしまったことと、自分の認知資源の量がまったくわかっていなかったことです。

その失敗、誰のせい？

日常生活や仕事に戻る中で、想定外の場面で失敗し続けたぼく。けれど実は、ごく初期のころは「ぼくが失敗するのは、自分以外の人や環境のせいだ」と思いがちでした。例えばコミュニケーションなら、相手が早口だから聞きとれない。相手がさえぎるから返事ができない。相手の話が要点を得ていないから、わからない等々。文章を読めば、やはり書き手の論旨が破綻しているから理解できないように感じ、買い物や役所に行けば表示が不案内だから何がどこにあるかわからないように感じたのです。

もちろん、相手の側に問題がまったくないわけではないのですが、今思えばその大半は、ぼくの中に高次脳機能障害の様々な症状があったのが理由。自己理解が高まったあとに省みれば「失敗して当然」のことばかりのようにも感じますが、初期のぼくは多くの失敗や不自由に対し、「周りの人や環境・社会が無理解・非協力的だったり、妨害してくることによって本来できることができなくなっている！」と他罰的に感じてしまったのでした。

けれど、当事者として社会を生き抜いていくためには、自分の失敗が本当に誰かのせいなのか、それとも自分の側に原因があるのかを正しく見極めることが、非常に大切なポイントです。その理由は、その失敗が自分の症状ゆえに起きていることだと気づき、何の症状によってその不自由が起きているかを理解しないと、その不自由を緩和するために必要な対策がとれないし、適切な配慮を周囲にお願いすることもできないから。

また、もし明らかに自分に問題があるにもかかわらず他の人を責めてしまったら、周囲との人間関係を損ねる大きな要因になりますし、逆にすべて自分が悪いと思ってしまうと、失敗を恐れて何も動けない状況に陥ってしまうからです。

この、「症状が原因か、周囲が原因か」は当事者自身にも、関係性の深いご家族にも（関係性が深ければ深いほど）容易に切り分けられるものではありませんから、客観的立場で関われる支援職の方にぜひ注目してもらいたい点です。【鈴木】

心配事や怒っていることを人に話すと楽になる

誰かに対して怒っていたり、どうすればいいかわからない課題に不安と混乱を抱えている状況では、あらゆる思考のスペックが下がり、注意障害や記憶障害などの症状も重く出てきます。けれど当事者になって驚いたのは、そうした気持ちを抱えているのだということを他者に話すだけでも、一気に頭の中がスッキリして思考ができるようになるということです。特にアドバイスをもらえなくても、自分の「感情に輪郭がつく」ような感じでしょうか。具体的にはそれは「陰口や愚痴」に分類されるもので発症前には避けてきたことですが、まさかこんなコミュニケーションで、こんなにも楽になるとは思いもよりませんでした。

もう一点驚いたのは、自身に不安があって胸が詰まって苦しいときに、同じ障害を持つ当事者の「苦しいんです」という相談事を聞いていると、その人のことを考えることに気持ちを強く持っていかれることで、自分自身の胸の詰まりが解消したという経験です。人の相談を聞いたら自分が楽になるのはなんだか申し訳ない気がしましたが、これもまた「ピア（＝同じような立場や境遇、経験等を共にする人たち）の効果」なのかもしれません。

高次脳機能障害と就労

高次脳機能障害の職業復帰者は10・7％に過ぎず、そのうち現職復帰した方は6・9％、就労支援機関利用者は4・1％でした（2015年実施の全国実態調査より）[*1]。最近では障害者に対する法定雇用率が上がったことや、就労移行支援事業所の増加もあり、高次脳機能障害の方で就労されている方も増えています。

しかし、残念ながら、就労移行支援や就労後の支援は、他の障害に比べると少数派の高次脳機能障害の方たちの特性に十分配慮されたものとは言えず、まだ大きい課題が残っています。

支援がうまくいかない理由のひとつは、高次脳機能障害の方は「中途障害」で、それまでの「できていた自分」の記憶はあっても、脳損傷により「できなくなった自分」ができる仕事と苦手になっている業務を推測するのが困難なために起こります。実際に職務に戻ると「自分はこんなこともできない」と驚き、抑うつ状態に陥る当事者は決して少なくありません。

また、「できるのにやらせてもらえない」「できないのにやらされる」と自分の実力と周囲から依頼される仕事の不一致に悩む当事者もいます。

高次脳機能障害は極めて個別性の高い障害です。出現する症状の種類、症状の重さとともにそれをどのくらい当事者が自覚できているかも一人ひとり異なります。さらに、脳損傷に伴う「易疲労」や日によって脳の働きが異なるという「浮動性」は職務に影響を与えます。これらが周囲の人の理解のハードルをさらに上げてしまい、当事者だけでなく支援者も「何ができて何ができないのか」を理解しにくいのです。

また、当事者は「できないと思われたくない、自分はやれるはずだ」という思いも持っています。就労している当事者の中には、できないことや苦手なことを伝えられず、葛藤を抱えながら日々過ごされている方も多いようです。

左ページの図は障害者雇用支援機構が用いている就労準備性ピラミッドの図を私が高次脳機能障害の方向けにアレンジしたものです。高次脳機能障害の方の就労では高次脳機能障害に加え、土台となるところでは、「易疲労」と「心の安定」が、トップにある職業適性の理解・それに基づく選択では「自己意識性の障害」が阻害要因となりやすく、就労に際しては、それらについての自己理解と対処が必要です。

多くの脳外傷者の支援をしてきた、Kay[*2]は、脳外傷後就労に際して必要な力を4つ挙げています。

この4つの力は、時間が経過すれば自然と身につ

【障害者雇用支援機構】就労準備性ピラミッド

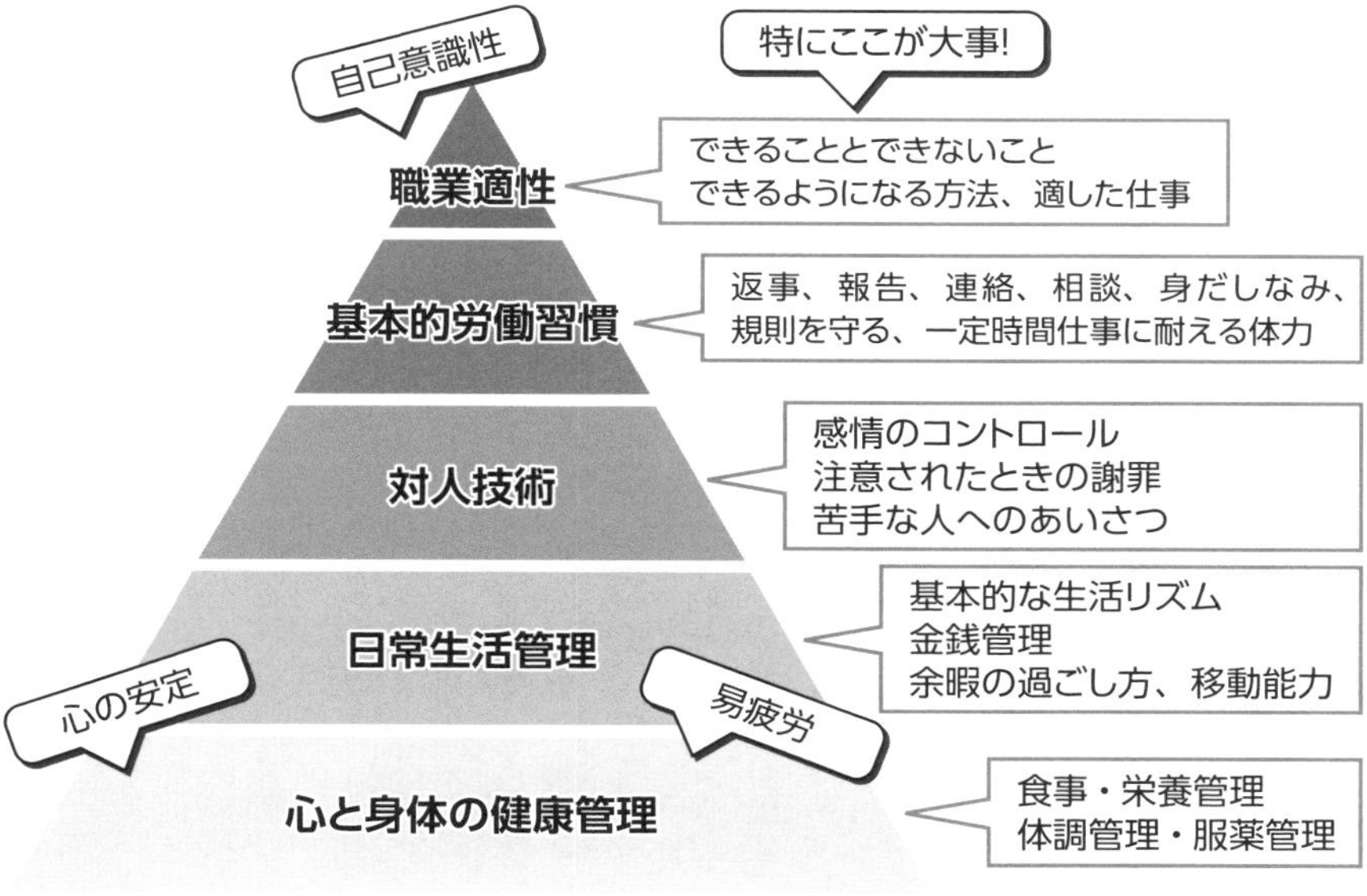

脳外傷後就労に際して必要な力（Thomas Kay）

- 行動のコントロール
  職場内の人間関係の維持
- 実行管理能力
  計画・行動の組織化・遂行
- 補償能力
  障害を補償する意欲と能力
- 自己認識と受容
  障害を認識・受容し他者に支援を求める

T.kay「地域に根差した雇用」のための選択基準と成果基準:見通し、方法論的問題およびオプション、『脳外傷者のリハビリテーション——就労を目指して』三輪書店、32ページを引用、改変くわけではありません。仕事に近い作業を、就労した際に求められる時間体験すること、そしてそれについて信頼できる他者と話し合うことを通して、自分が働いたときに何が起こるのかを体感し、自分の現状を理解できることで可能になるものだと思います。

できなくなった自分を見つめることは、つらく苦しい過程です。「喪失」という痛みを伴う作業に違いありません。しかし、その作業を通して、どんな仕事ならできるのか、どうやってできなさを補えばよいのか、周囲の人にどんな支援をお願いすればよいのかを仕事に就く前に準備し、それを職場が受け入れてくれることで就労が継続できるようになります。

大事なのは「就労」ではなく「就労継続」です。大海に飛び込む前に、まずはプールで自分に合った泳ぎ方を見つけ、その泳ぎ方で力まず泳げる距離を伸ばして、疲れすぎない距離を見つけてから大海に挑んでいくことが、大海で溺れない（＝就労後に二次障害にならない）ために必要なステップです。【山口】

【引用文献】
＊1 高次脳機能障害全国調査（2015）：高次脳機能障害全国実態調査委員会、高次脳機能研究　第36巻第4号、pp.492-502
＊2『脳外傷者のリハビリテーション――就労をめざして』三輪書店　32ページ　T.Kay他

PART 5

業務継続の中で起きてくる困りごと編

なんとか「文字を書く」という機能は残っていたおかげでぼくは復職できましたが、業務復帰度を高めるたび、そして自身の機能が回復してやれることが増えたり新しいことに挑戦しようとするたびに、「より高度なステージでの不自由が増える」という体験をすることになります。この、「元々習熟していた仕事の核の部分はできる」けれど「それ以外のことが大変」という体験は、比較的症状が軽度で元の仕事に復職できた当事者の多くが経験することのようです。問題はこれを他者に理解してもらうのがとても難しい、相談する先がなかなか見つからない、ということです。「症状が軽度だから苦しさ（障害化）が軽いわけではない」「復職よりも、就労継続の方がはるかに困難」の実例を紹介します。

29 電話対応でのパニック

仕事に戻っていくときに、「ほぼ不可能だな」と感じたことに、電話を使った打ち合わせがありました（当初は単に互いの都合を調整して対面会議の予定を決めることすら困難でした）。電話によるコミュニケーションには、ここまででも説明した聞きとりや自分の意思を伝えることの困難以外にも、高次脳機能障害における多くの不自由が集約しているのです。

①仕事に集中しているときに電話対応するには、作業を中断しなければなりませんが、その中断が困難。注意障害の特性として**一度過集中（注意が固着）した仕事から注意をはがすだけでも、一定のエネルギーを必要とする**からです。

②相手が用件を話し始める際は、その前段階として「その相手と今どんな仕事をしているのか・どんな課題を共有しているのか」といった記憶を呼び起こす必要がありますが、**この記憶の引き出しが咄嗟に出てこない（または脳に残っていない）**。そんなこんなで、のっけから**相手の話についていくのが精いっぱい**という状況から始まります。

START
仕事
カチカチ
カチャカチャ
RRRRRRR
仕事
びくっっっ
とりあえず
空を見る
どうしよう…
ぐぬぬ…
…スズキです
あっスズキさーん
例の打ち合わせ
決めたいんスけどー
例のって??
うちとしては
7月中には～
……ハイ
ヒラー
カチャカチャ
RRRRRR
ざわざわざわ
じゃあ
7月23日の
14時から森林駅
南改札で
――ハイ
7月…
メモメモ
よろしくー
ガチャ
!
7月しか
書けなかった
どうしよう…
何の仕事
してたんだっけ…
せっかく
考えてた
アイディアが
……
ペたっ

③さらに問題なのは、電話による通話とは、**受話器を当てた側の耳から入る情報だけが選択すべき情報で、「逆側の耳や目」からはまったく別の情報が入ってきている状況**だということ。その全部を処理しようとしてしまうのが当事者の脳ですから、もう相手の話を「聞きとる」だけで限界です。**こうなると相手の言葉を正確に書きとる、理解する、返答を考える、実際に返答するといったことは、ほぼ不可能に……。**

④**相手の言葉を理解したりメモに書きとるよりも速く相手が話すという、情報処理速度の遅さ問題。聞きながら書くというマルチタスクが困難**という問題もあります。

ダメ押しに最悪なのは、そうしてなんとか電話対応することによって、中断させられた仕事を**どこまでやっていたのか、どう進めようとしていたのかといった構想までが記憶から失われていて、さかのぼって業務を再開するために膨大なエネルギーと時間を要する**こと。発症後8年以上経つ現在でも、内容によっては電話で30分程度打ち合わせをするだけでその後丸一日頭が使い物にならないほど認知資源を消耗してしまうことがあります。こうなると、ほとんど業務妨害です。

電話の苦難は、記憶障害や注意障害や易疲労といった特性を抱える当事者が健常者とペースを合わせて働く中で起きる不自由の集大成とさえいえそうです。

30 多人数での会議

通常のオフィスワークになんとか戻れている当事者さんが口をそろえて「これだけは難しい」というのが、実は会議。1対1のコミュニケーションにも難しさがある当事者にとって会議とは、**人数が増えるほど、相手が初対面に近いほど、自身の発言を求められる率が上がるほど**に難易度がうなぎ上りに上がります。

①人数が多いと、それぞれの人の声が輪郭を失って、メインの話者が誰だかわからずに「**全員の話を聞きとって理解しようとしてしまう**こと」。

②脳の情報処理速度的に、話題の展開の速さについていけず、いまみんなが**何をテーマに話しているのかが把握できない**こと。

③話題が脇にそれ、本題に戻ったときに、先ほどまで話していた**本題を明確に記憶できていない**こと。

④聞きとるのに精いっぱいなので、自分の意見を求められたときの**返答を用意できない**こと。

⑤何か話せるとしたら脳内にすでに用意されている知識や意見でしかないので、相手を無視した**そ**

の場にそぐわない返答でもとうとうと話してしまって、まるでプレゼンにならないこと。

⑥聞きとりや返答に集中するあまり自分の認知資源が枯渇していることに気づかず、**突然スイッチオフ**してしまうこと。

様々な業務で会議に参加できないことは「主戦力から外れる」ことですが、リアルタイム・当意即妙に発言ができないだけで、**発症前の経験や知見が失われているわけではない**ことを、周囲にもご理解いただきたいところです。

対策

ぼくの場合は、会議で承認したものをあとになってから「やっぱりそうではなかった」などと言って周囲に大迷惑をかけることもあってあまり対策できていませんが、徹底した想定問答集を作ったうえで「議長」として場の流れを自分で掌握するのが一番の対策でした。他、上手に対策している当事者さんが口にするのはやはり想定問答の徹底に加え、「会議の場では聞き手に徹する」「意見はその場ではなく後に整理して発言させてもらう・文書で提出する」といったものが多いようです。

では…
本日司会進行をつとめさせていただきますA社の犬山です
聞きとりが困難
私B社の企画担当鳥居でーす
実はスズキさんの大ファンで本もほとんど読んでるんですよーー
あとでサインお願いします
あっ…どうも…
……………ライターのスズキです…
サイン？
ラグビー？
A社の営業担当屯田です
犬山とは大学の同期でいっしょにラグビーで汗流した仲なんですよ
なんか……
しゅるーーっ
ぽたぽたぽたぽた
ムダな情報が多すぎてキツい
さっそくですがアンケート結果もふまえ今回は大筋B案で進めたいと思っており……
待って待って待って待ってそれってオレの出したD案無視!?
まだ話の途中なのに…

あれ絶対イケると思うんだけど——
D案で思い出したんだけど経理の馬場さん大丈夫でした？予算一ケタ間違えちゃった件
馬場さん!? だれ!?
なんの話!?
あーアレね——
それで
あれで
これで
そんで
それから
あれから
そうそう
ワハハハー
——でさきほどのつづきなんですが
うぃーっス
どこからのつづき——!?
いろいろなご意見はあるでしょうがここはひとまずB案で1週間後に各自担当分のテキストを調整して提出してください
フンフン
フンフンフンフン
1週間後って何日？てかそんならこっそりD案混ぜちゃおっかなーなーんてっ
現況把握が困難
ぽたぽた ぽたぽた
しゅるるる
あ…
うっ
えと…
ついていくのに精いっぱいで自分の意見が用意できない…

…とにかく覚えてることだけでもメモらなきゃっ
…
一週間後…提出…
えっ
POW!
スズキさんはどう思います？
う…
なにかいわなきゃ
なにかなにかなにか…
あっ…
ボクは…
口頭プレゼンの困難
思うにぺらぺらここのところがぺらぺらぺらぺらぺ
D案はぺらぺらぺらぺらそもそもB案がぺらぺらぺらぺらぺらぺらぺらB案ぺらぺらぺらぺらD案ぺらぺら
ぺらぺらぺらぺらぺらぺらぺらぺら私はどちらかというとぺらぺらなぜならここであることは全員が認知ぺらそこでぺら学術的にはぺらぺらぺらぺら
のですでいかなるぺらぺらである場合でもぺらぺらさらにいうとぺらぺらぺらぺらぺ
止まらなーーい!!

ぺらぺらぺらぺらぺらぺら
カラッ
ぴたっ
ぼーぜん……
…じゃあ全員の意見が出そろったようなので…
フンフンフンフン
……
あっ そうねそうね 1週間後にねっ
ガタガタ
あの… スズキさん そろそろ……
えっ…
もう 終了してる かんじ!?
状況が読めない
──後日
ずーっと何かを探してる……
ひっ…く ひっ…く
あのとき書いたメモ…どこ…

口頭プレゼンの困難（ギリギリできるver.）

脳内ですでに考えがまとまっていることは「脳内のノートを読み上げるように」して話せたため、会議やプレゼンは問題なくできるだろうと思ったぼく。けれど「相手に意図が伝わらなかったとき」「反論が来たとき」への対処で玉砕。もっとも苦手とする**咄嗟の判断と、いくつもの選択肢を脳内で比較検討することが必要**だったのが原因ですが、当初は混乱に加えて相手側の理解力が低いことに対する**発作的な易怒を抑えるのに精いっぱいで一言も話せなくなり**、会議が破綻してしまったこともありました。

31 「メモを取れ」って言うけれど！

作業記憶の低下がある当事者がリハビリや就労支援の中で必ず指導されるのが「メモを取りましょう」。けれど、実際にビジネスの場になるとそんな指導ではとても追いつかない場面が往々にして出てきます。

まず口頭の会話の書き留めなどでは、①自分が**メモを取らなければ忘れてしまうことをそもそも忘れている**（こうなると習慣の定着が難しい）。②メモやペンなどをどこにしまったか忘れているために、**探している間に「メモすべき聞いたこと」を忘れる。**③メモを書く速度より話が速くて、言われたことを**書き留める前に忘れてしまう。**

これらのことによって病後のぼくは、スマホのカレンダーアプリに相手との約束を「間違った日時や集合場所」で書いてしまい（アプリを探して起動している間に記憶があいまいになっている）、約束を破ってしまうことが多発しました（135ページのケース）。

さらにこうしてせっかくメモを取ったとしても、そのメモをどう管理するかも問題です。①メモを取ったという事実を忘れていて思い出せないがために、**その後の仕事に反映できない**（自分のアイデ

管理困難

あっ
これってここにメモしてあるじゃん!
ぐぬぬぬ
これさえあればきのうの原稿に反映できたのにイイイ
ハッ。
そういやB案件もどっかにメモってたはず…
あれどこー?
これ何のメモー?
MEMO

メモ困難

次の打ち合わせ○月×日△時に☆ホテルでお願いします
……
こくっ
……メモとらなくていいんですか?
はっ
そうだ!メモ!
手帳と…
ペンと…
ドタ
PON!
バタ
…………
…忘れた…
…何日でしたっけ…
○月×日△時です…

日付まちがってる〜
◎ホテルじゃなくて☆ホテル

イアや先方の指示などが反映されない）。②メモを書いた記憶が残っていても、そのメモがどこにあるのか、複数あるメモ帳のどこに書いたのかといったことを思い出せずに、**ひたすら探す羽目になる。**

ということで、書いたメモの**管理性や検索性がなければ実務レベルでは使い物にならない**のですが、就労支援などで指導されるメモ習慣は単なる備忘録どまりで、そこまで至っていないケースが多いと感じます。

書き写しは「同じ視界内」で！　が鉄則

対策

なお、ぼくの場合はスケジュール等では言われたことをその場で書きとって、スケジュール帳に書き写す際に「視線を移す必要がある」とその間に誤認が起きます。それを避けるために、まず手の甲やメモを書けるリストバンド（wemoという製品）に書きとって、スケジュール帳と「同じ視界内で見比べることができる状況で書き写す」などの工夫でクリアしています。

記憶がないメモで大混乱

スケジュール系のメモでとても困るのが、自分で記入した予定について記載が端的すぎて、書いたときにはわかっていてもその後に記憶が残っていない場合です。誰とどの仕事についてかがわからないけれど、明確に予定は入っている……。こうした表記を直近の予定の中で見つけてしまったときは、背中にどっと汗が出るほど焦ります。

おまけ パンダ氏の困難

オフィスワークの当事者にとって鬼門なのが、電話の取次ぎメモです。相手の名前、所属、用件、取次先といった情報が矢継ぎ早に入ってくるのに、オフィスは目や耳から関係ない情報が入る空間ですし、何より「間違ってはいけないという焦り」がいっそう脳の動きに負荷となって、聞きとりや聞いたことの記憶が非常に困難になります。

32 メールコミュニケーションの困難

記憶に障害があるということは、記憶にないことは、すべて過去の記録から確認し直すしかないということ。注意に障害があるということは、膨大な過去の記録から特定の記録を探すのに膨大な時間を要するということ。遂行機能障害があるということは、いくつかの指示を脳内で比較検討したり筋道立てるのが困難ということです。

そんな当事者にとって「天敵」と言ってもいいのが、メールの文面や指示が明瞭でなく、要領を得ない相手。これは通常のビジネス上でもストレスがたまりがちな相手ですが、高次脳機能障害の当事者は大前提として「自分の記憶や理解・解釈が正しいのか自信がない」ため、食い違うコミュニケーションの理由が自分にあるのか相手にあるのかに大混乱。膨大な確認作業の末に理由が相手だったと判明しても、その食い違いをどのように伝えれば相手にわかってもらえるのかを考えるのにもまた、膨大な時間を要してしまいます。それこそ、たかがメールのやり取りで一日の仕事に使う認知資源を使い切って倒れ込んでしまうこともある始末……。

それはいつものような
一日の始まりだった
ちゅんちゅん
さっ
お仕事するかな♡
まずは
メールチェック
メールチェック
野兎ハネル
件名：仕事のご依頼
To：スズキダイスケ
スズキさま
お世話になっております。
2月にお目にかかった野兎です。
その節にご相談させていただいたお仕事につきまして、そろそろ始めたいと思います。
よろしくお願いいたします。
えっ
?
え？　え？
野兎さんて誰!?
相談って
何か約束した？
2月って
半年前!?
そんな昔のこと
覚えてないんスけど!?
てかいまボク
抱えてる仕事で
手いっぱいなんスけど!?
ブルブル
カタカタ
野兎ハネル
件名：仕事のご依頼
To：スズキダイスケ
スズキさま
お世話になっております
2月にお目にかかった
その節にご相談させて
そろそろ始めたいと思
よろしくお願いいたしま

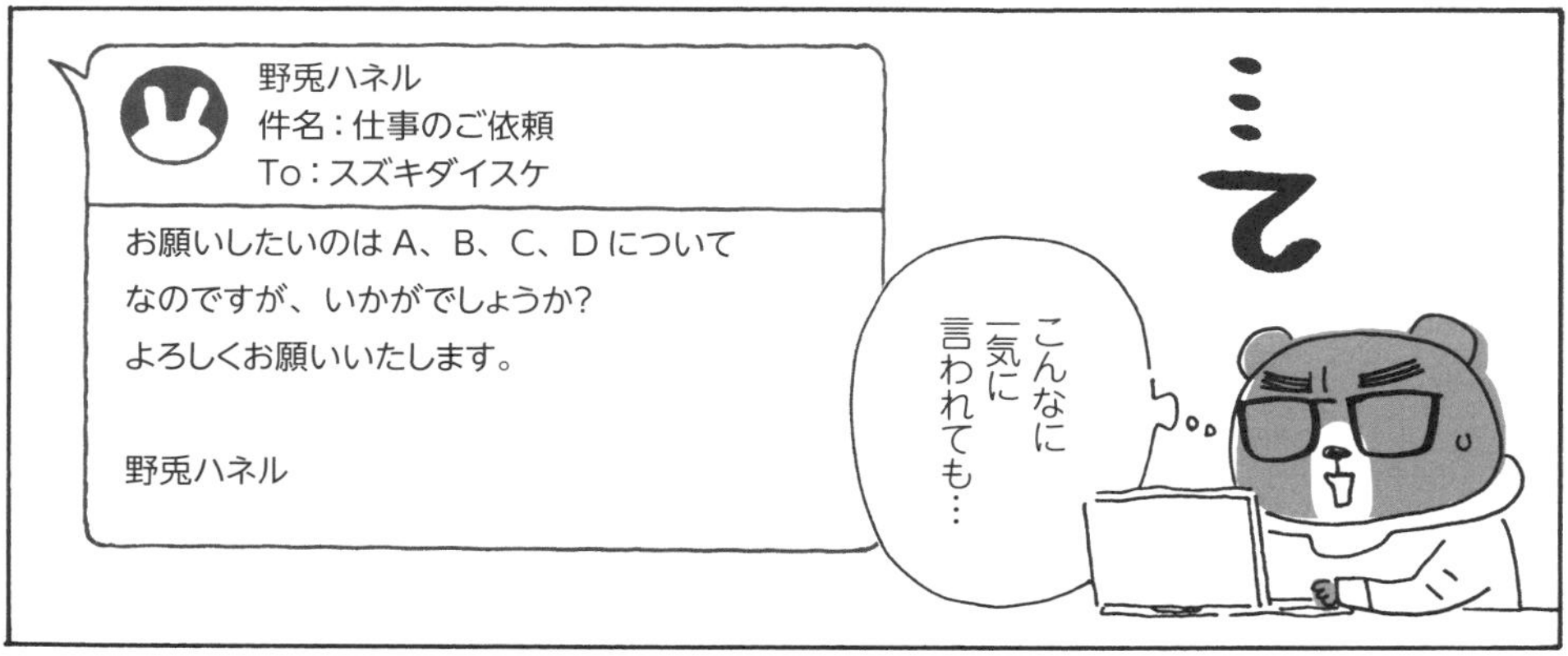
野兎ハネル
件名：仕事のご依頼
To：スズキダイスケ
お願いしたいのは A、B、C、D について
なのですが、いかがでしょうか?
よろしくお願いいたします。
野兎ハネル
ミ
て
こんなに一気に言われても…

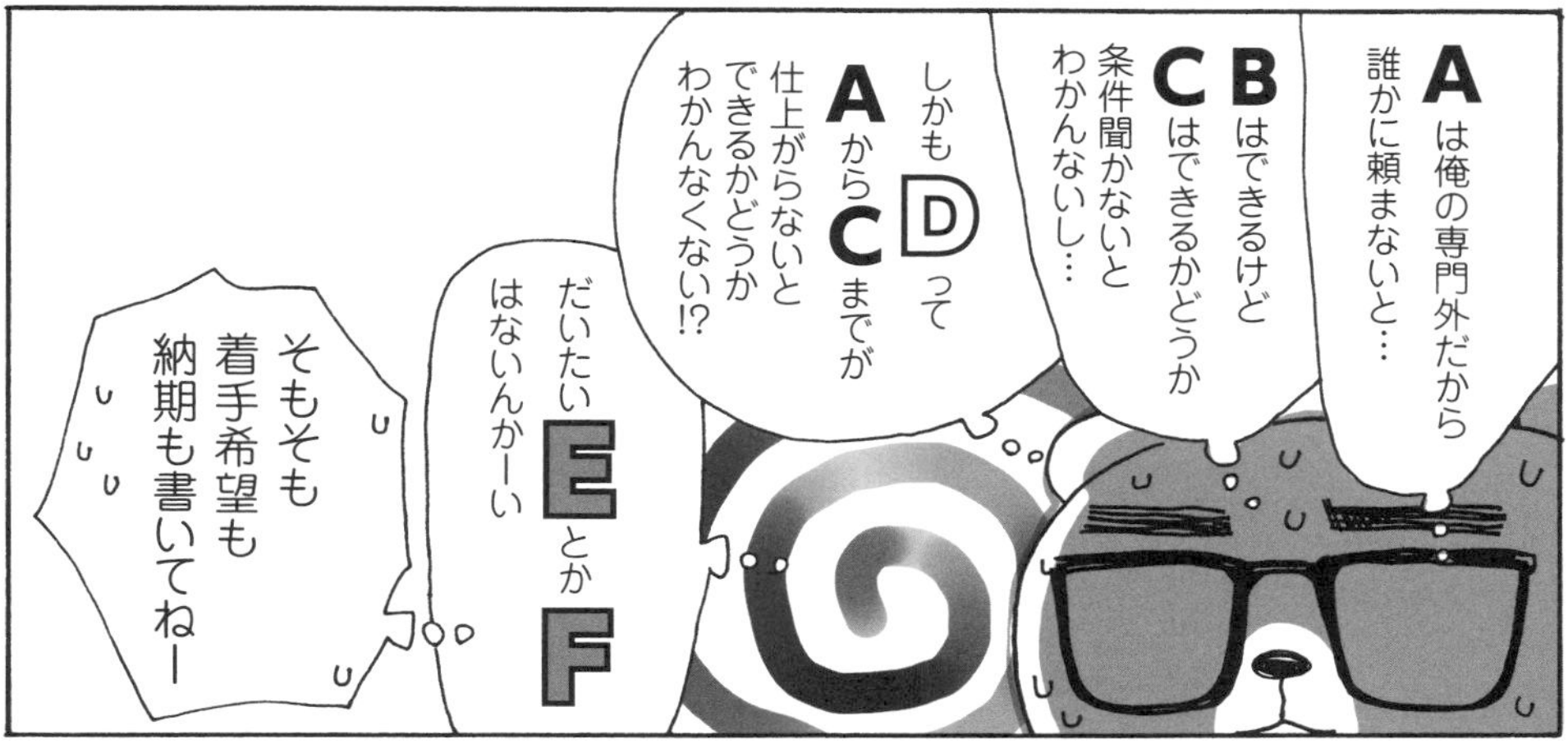
Aは俺の専門外だから誰かに頼まないと…
Bはできるけど Cはできるかどうか条件聞かないとわかんないし…
しかもDって AからCまでが仕上がらないとできるかどうかわかんなくない!?
だいたい EとかF はないんかーい
そもそも着手希望も納期も書いてねー

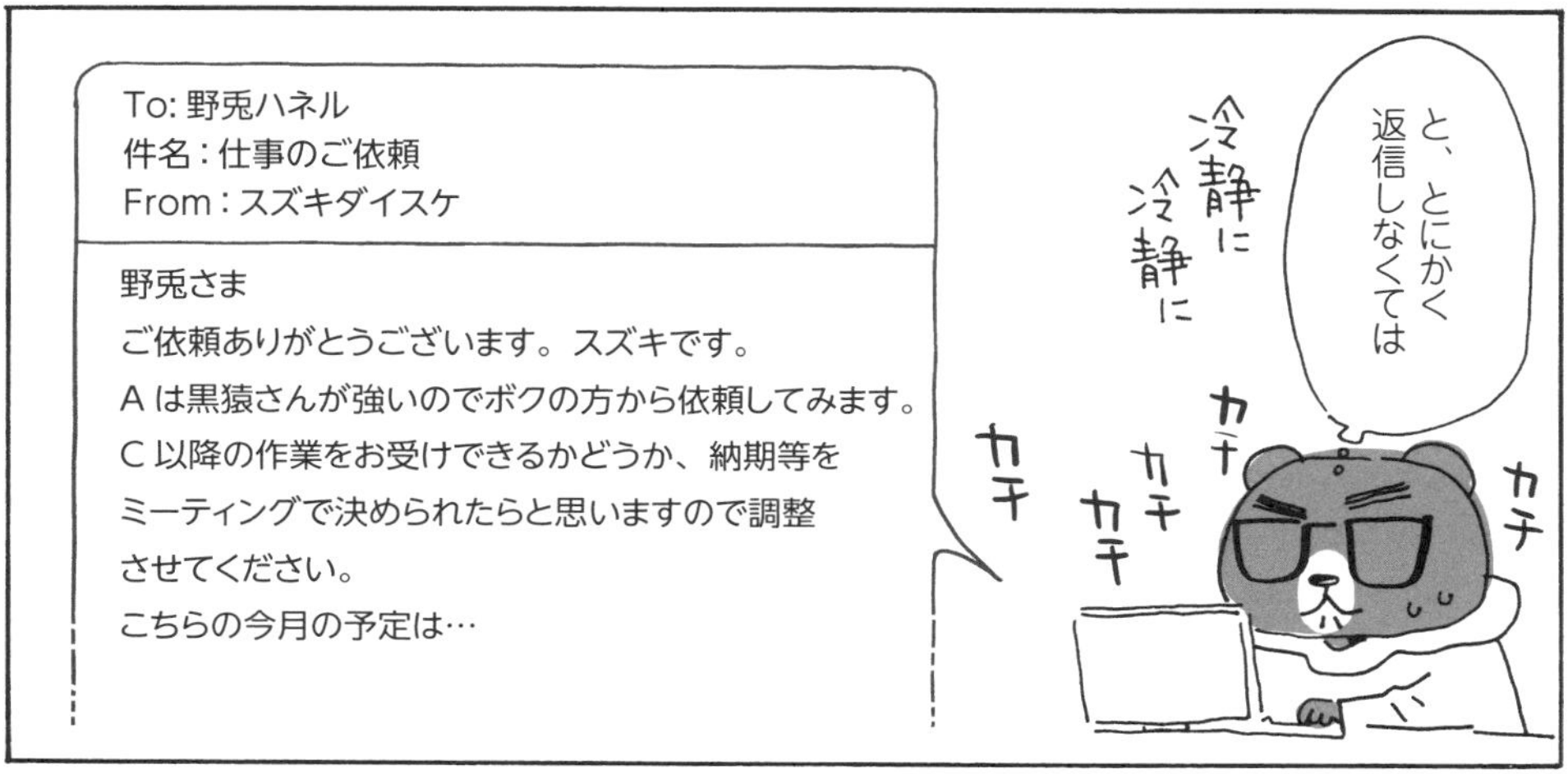
と、とにかく返信しなくては
冷静に
冷静に
カチ
カチ
カチ
カチ
カチ
To: 野兎ハネル
件名：仕事のご依頼
From：スズキダイスケ
野兎さま
ご依頼ありがとうございます。スズキです。
A は黒猿さんが強いのでボクの方から依頼してみます。
C 以降の作業をお受けできるかどうか、納期等を
ミーティングで決められたらと思いますので調整
させてください。
こちらの今月の予定は…

2日後
ピロン♪
資料…
……
野兎ハネル
件名：仕事のご依頼
To：スズキダイスケ
野兎です。
では黒猿さんにはこちらから依頼します。
B～Dにつきましては必要な資料を添付しましたのでご確認ください。
納期は来月いっぱいで大丈夫です。
ゆっくりおすすめください。
え！来月中って無理じゃね？C～Dが受けられるって言った？
俺のメールの返事が悪かった？
？
？
…てか俺って前回どんなメールしてたっけ…
ぐるぐる
まったく記憶にねえし…
どこ…
俺の前回のメールどこ…
メール…メール…メール…
くそう俺のメールが見つからない…

あっ
あったつつつつ
………
受け入れるかどーかと納期についてのミーティングしたいって言ったのに……!!
C 以降の作業をお受け
納期等をミーティング
思うので調整させて
ミーティングの日程も出してこないしこちらの質問はALL スルーで
納期だけ切ってくるのかよ!

かくして
野兎ハネル
件名：仕事のご依頼
To：スズキダイスケ
野兎です。
お忙しいところとは思いますが、
その後いかがでしょう?
ピロン♪
脳エネルギー
ニヤラッ

33 中断・追加指示

まず62ページの視線の凝視や146ページの電話対応の部分で説明したように、注意障害（過集中・注意の固着）のある当事者は一度集中して始めた作業＝注意を向けたことがらに対して、重量のある車が容易に停まったり方向転換できないのと同じような**「慣性が働いている」「いまやっている作業に磁石で吸いつけられている」ような感覚**があります。そのため、作業を中断する必要があると、まずその中断そのものにものすごい難しさを感じます。

中断

完成予想
次はこうしよう──♡
こっち手伝ってー
え
ちょっ ちょっ ちょっと待って……
ここはあーして
こーして
ガーン…
どんなの作ろうと思ってたんだっけ!?
できたー

ここで言う中断とは、いまやっている作業への変更指示、違う作業をさしはさんで先行してほしいという依頼から、次にやる仕事の指示連絡、来客対応などなど様々な理由のあるものですが、ここで頑張って作業を中断して相手の要請にこたえたあとに起こるのが、元々やっていた作業に戻ったときに、「その作業がどこまで進んでいたのか」**「そのあとどのように進めようとしていたのかの構想」**が**頭から抜けてしまい**、取り戻すのに大きな時間と労力を要する、もしくは**「取り戻せない」ケースもある**ということです。

作業の進捗を再把握するのはできあがっている作業の流れを見直すことなので時間はかかっても何とか可能ですが、「構想」については集中した作業を継続して行う中で生まれてくるものであって、**同じ構想が二度出てきてくれるとは限りません。**

作業の中断は、明確な業務妨害行為！ なのですが、高次脳機能障害に対する説明ではほとんど言われることのないものです。それどころか、ちょっとした中断を断われば**「融通が利かない」**、再開後に脳内構想の復旧作業に時間が膨大にかかることで仕事が納期に間に合わなければ**「責任感がない」**扱い。さらにトイレや睡眠といった生理的要因による中断でも「構想が失われる」ため、**「キリがいいところ」まで休めない**という心理も強く働いてきます。

当事者の願いは、「とにかくすべてはいま目の前にある仕事が終わってからにしてください！」この一言に尽きます。

仕事をできる能力はあるのに「妨害される」問題

ぼく自身もそうですが、働く当事者の話を聞く中で、多くの人に共通していたのが「本来やれるはずの業務が、**周囲からの妨害によってできないように感じる**」という悩みです。

高次脳機能障害の当事者に共通する症状として「マルチタスクが苦手になる」ということがありますが、通常マルチタスクと聞いて思い浮かぶのは、いくつもの別々の業務（例えば書類作成と顧客対応）を同時並行的にこなすような「できるビジネスマン」の姿でしょう。

ところが、当事者にとってのマルチタスクとは、あくまで脳の情報処理的なマルチタスクです。

例えば計算をする、文字を書き写す、自分の頭の中にある知識を書き出すといった作業をしている間に雑音や目に入る余分な情報があったり、横からちょっと何か声をかけられて返事をしなければならない。こんなことは「オフィスの当たり前」かもしれませんが、当事者にとってのそれは、**シングルタスクを周囲によってマルチタスク化されてしまう**という状況。そしてそんなときの当事者の脳では、やれていた作業の難易度が一気に上がってしまうのです。

また、ぼくたちの脳はあらゆることが「やれるか、まったくやれないか」というふうに、非常に極端な状況にあって、まったく何の妨害もなくシングルタスクに挑めている場合（とくに発症前に習熟した課題）はかなり高度な仕事でもやり遂げられる反面、ちょっとした妨害＝マルチタスク化があるだけで、**仕事がしづらいとか時間がかかるということではなく、いきなり「仕事をやり遂げられない・継続できない」**ような脳の混乱状況に追い込まれてしまうケースも少なからず見受けます。

ということで、当事者が望むのは、よく言われる「合理的に配慮することでやれることを増やす」よりも、**まずはいっさいの妨害情報がない状況でやれる当事者の「本来の業務能力」を見極めてもらうこと。**そのうえで、いかにその本来の能力を落とさずに働ける環境を構築できるか。ここを着眼点にしてほしい。仕事に戻る当事者を支える方々に、真剣にお願いしたいポイントです。【鈴木】

34 マルチタスクと納期の崩壊

作業を中断することによって、その作業の展望や構想まで再構築しなければならなくなることは業務上様々な弊害にまで波及しますが、最大のものは「納期」です。

自分の構想通りに一度仕事を仕上げたあとに、「その完成物を前に」要望をヒアリングして訂正を加えるのであれば、ほんの数日で済むような仕事だったとしても、作業中に要望を聞きつつ（中断と再開を挟みつつ）進めようとすることで、**「永遠に終わらないと感じるほど」に難易度が高くなってしまう。**それこそ数日で終わるはずの仕事が何週間経っても終わらないというぐらいに、納期に大きく響いてしまうのです。

顧客からすれば要望や指示のタイミングが変わっただけだし、むしろ完成前に追加の要望を伝えるのは「親切」でもあるのに、「なぜそんなに遅れるの？」「サボっているのでは？」と思われても仕方がないこの状況。当事者から「それが業務妨害なんです」とはとても言えません。

追加指示

PLAN A
自分が考えてる完成予想図
できないとき
Aをベースにお客さんの要望聞きながら進めて
まだ途中なのに…!!
客
…
ここをあーしてこーして
もっとしゅっとさせて
要望書
どこまで進めてたかわからない…
どうするつもりだったかわからない…
元のプランと客の要望の違いが探せない
まだできてないの!?
なんで!?
うっうっうっ
未完成のまま1週間…
できるとき
できた
Aをベースにアレンジしたお城作って
フムフム
要望書
FIX
注文通りにできた
製作期間2日

35 スケジュールの把握の困難

作業の中断と再開が困難なことで致命的なのは、いくつかの案件を同時に抱える＝「どの仕事も中断と再開を繰り返している」中で、**あらゆる仕事の進捗状況を自身の中で明確に把握できなくなってくること**、すべての仕事の納期が自分の中で明確でなくなることです。

そんな状況ですから取引先からの「あれどうなってますか？」といった問い合わせを受けても、明確に答えられるのは、いま目の前で実際に作業しているものがいつ終わるかぐらいで精いっぱい（それも問い合わせのせいでズレる）。納期について約束ができなければ、やはりどうしても取引先からは信頼を失ってしまいます。

ぼく自身はそんな中、常に自分が抱えている仕事を忘れていないか、致命的なスケジュールミスはないかなどと不安で不安で、**夜中に起きて仕事部屋に向かい、手帳で予定確認することが年中あるという有様……**。

対 策

　ぼくの場合は抱えている案件すべてについて、企画書やメールのやりとりまでプリントアウトし、案件ごとにフォルダ管理することで対策しています。案件ごとに全工程表を手書きで作るという当事者の方もいます。いずれも「不安すぎてそうでもしない限り耐えられない」からこそしている対策かもしれません。

当事者が理解されづらいポイント

ここまで書いただけでも仕事を共にする健常者からすると十分「??」となる高次脳機能障害の当事者ですが、多くの方が職場から理解されづらくときに差別や攻撃を受けてしまうことがあるのには、いくつかのポイントがあります。また、理解の難しさについては、家庭内等でも同様でしょう。

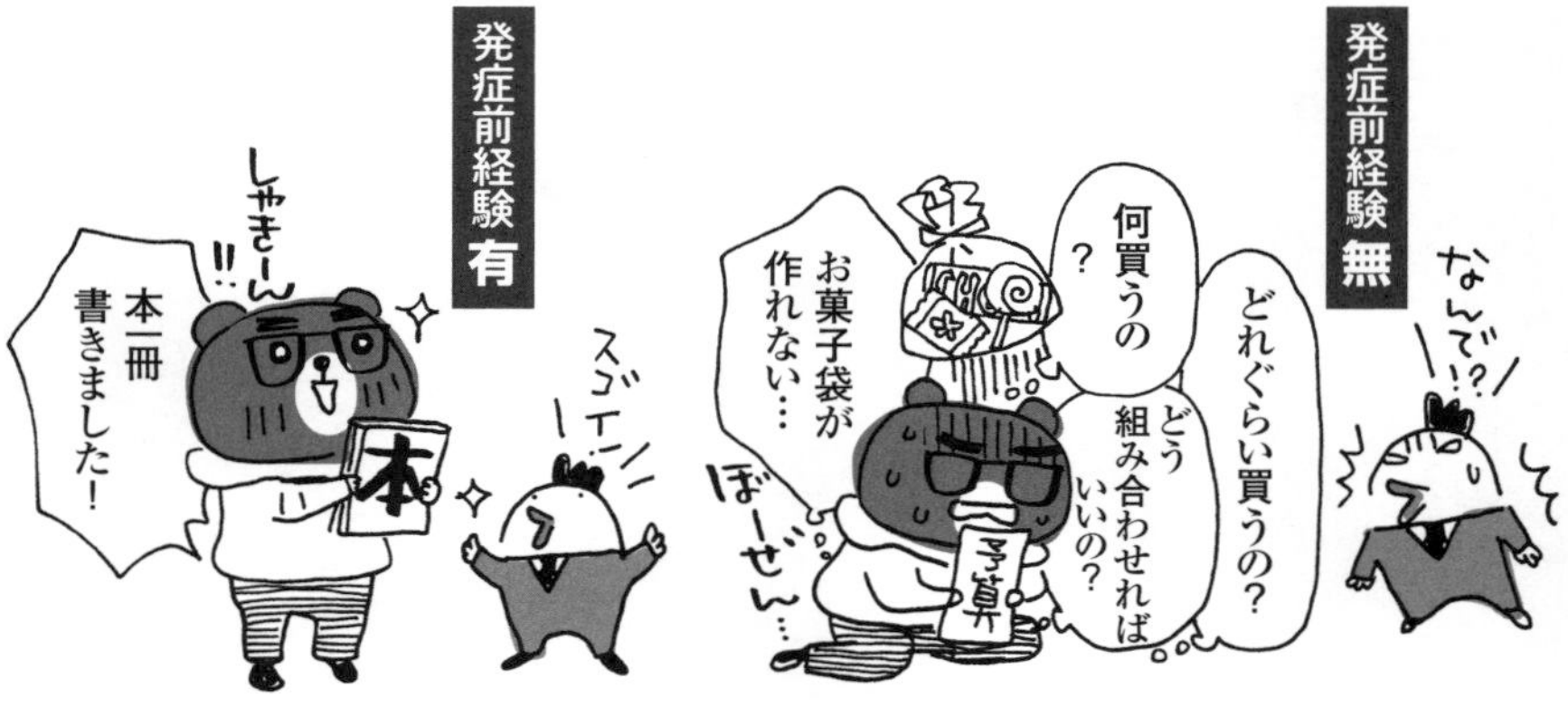

①発症前経験の有無

高次脳機能障害は「中途障害」のため、発症前の経験や記憶が十分な業務についてはかなり高度なことができます。しかし、発症前に経験したことのない業務は、驚くほど簡単なことでもできなくて途方に暮れることがあります。

ぼく自身は、病後1年で一冊目の闘病記を書き上げて刊行することができましたが、3年後に地元の自治会の会合で配るお菓子袋が作れなくて（期限内・予算内で収まる買い物をして平等に小袋に分配することができない）友人に助けてもらう経験をしました。**本は書けてもお菓子袋が作れないなんて**、周りからしたら想像しにくいかもしれません。

②脳疲労と身体疲労の差

特に身体に麻痺のない当事者の場合、非常にわかってもらいづらいことに、同じ疲れでも脳の疲れと身体の疲れは別物だということがあります。例えば、オフィスワークの当事者であれば、定時前に認知資源が枯渇してヨレヨレの状態になっているのに、帰宅時にジョギングして帰れても、まったく不思議ではありません。ぼく自身は執筆業務中に何の思考もできない、言葉も満足に出てこないといった脳の疲労状況からの回復のためにウォーキングをすることがあったりします。さらにその一方で、身体もまったく動かなくなるタイプの疲れの日もあり、自分でもいつその疲れが来るのか読めない…。

知らない人がこれを見たら「あんなに元気に走れる人が疲れてデスクワークできないなんてありえない！　サボっているだけだ」となってしまう。当事者の中には「障害を言いわけにサボるな」と言われる方すら……。

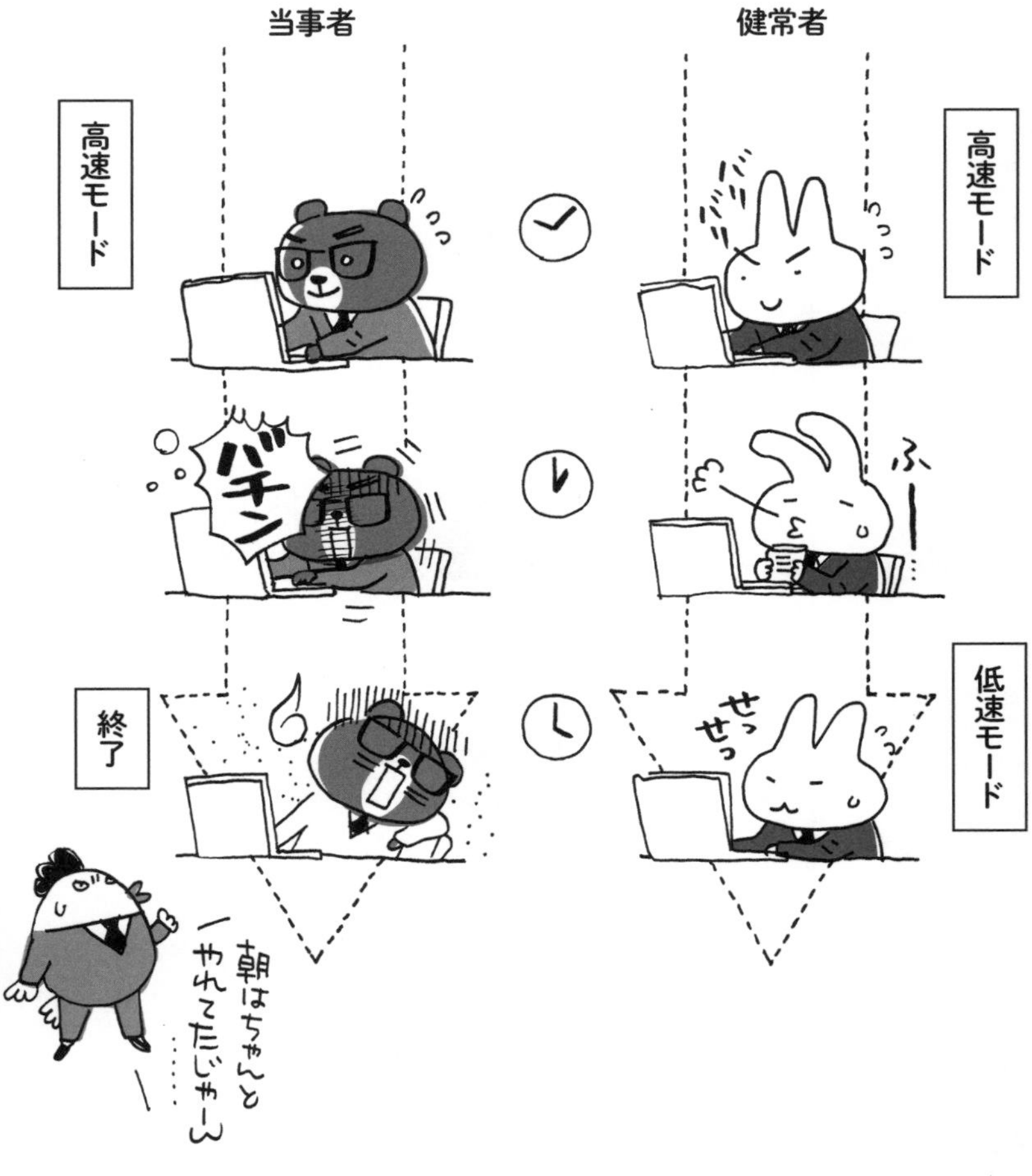

③日内変動

易疲労、つまり認知資源の枯渇はスイッチを切ったように「いきなり」来ます。健常者は疲れてきたら少し仕事のペースを緩めて低速運転でしのぐことができる（23ページでいう認知資源が輸液チャンバーに補充される量だけでも仕事の継続ができる）一方、当事者はいきなり「何もできなく」なってしまう（輸液チャンバーが空っぽになる）。

周囲からすると、**朝にはある仕事を1時間で済ませていた人が、午後いっぱいかけても同じ仕事を終えられない**という状況ですから、どうしても「サボるな」と言われてしまうことが多いのです。

④日差変動

実は発症後８年経つぼくでも、前日はバリバリ働けていたはずなのに、翌日は朝起きた直後からパソコンのモニターを見続けるだけでも難しい「使い物にならない状況」の日が、月に２回ぐらいあります。ほかの当事者からもよく聞くのは、天気の大きな変動がある日や、会議の翌日。中には人と会った翌日には休みを必ず入れているという方もいました。

月に２日この状況ということは、会社員であれば２週間に１日体調不良の欠勤がある（もしくは出勤しても１日ボケッとして仕事が進まない）ということ。上司から見れば実務上では、「大事なタイミングに休まれたら困る」ということで、重い仕事の案件は任せられないという判断になってしまいかねません。

ザワつく場所で
せかされまくりだと…

静かな場所で
ゆっくりペースだと…

⑤環境によるスペック変動

「妨害的な情報」がない静かな環境ではかなり高度な課題をこなすことができる当事者が、逆に妨害情報の多い環境ではものすごく簡単な仕事をこなすことができない。170ページのように作業を中断されなければ高度な仕事ができるのに、中断が入ると納期が大幅に読めなくなる。そのスペック変動は当事者自身が驚くほどです。こうした状況を見たら**「あんな高度な仕事ができている人が、こんな簡単な仕事をこなせないのはサボっているから」**という誤解を受けてしまいます。当事者の本心としては「とにかく邪魔されなければ本来のスペックを発揮できるのに……」なのでリモートワークがもっと社会に浸透してほしいところです。

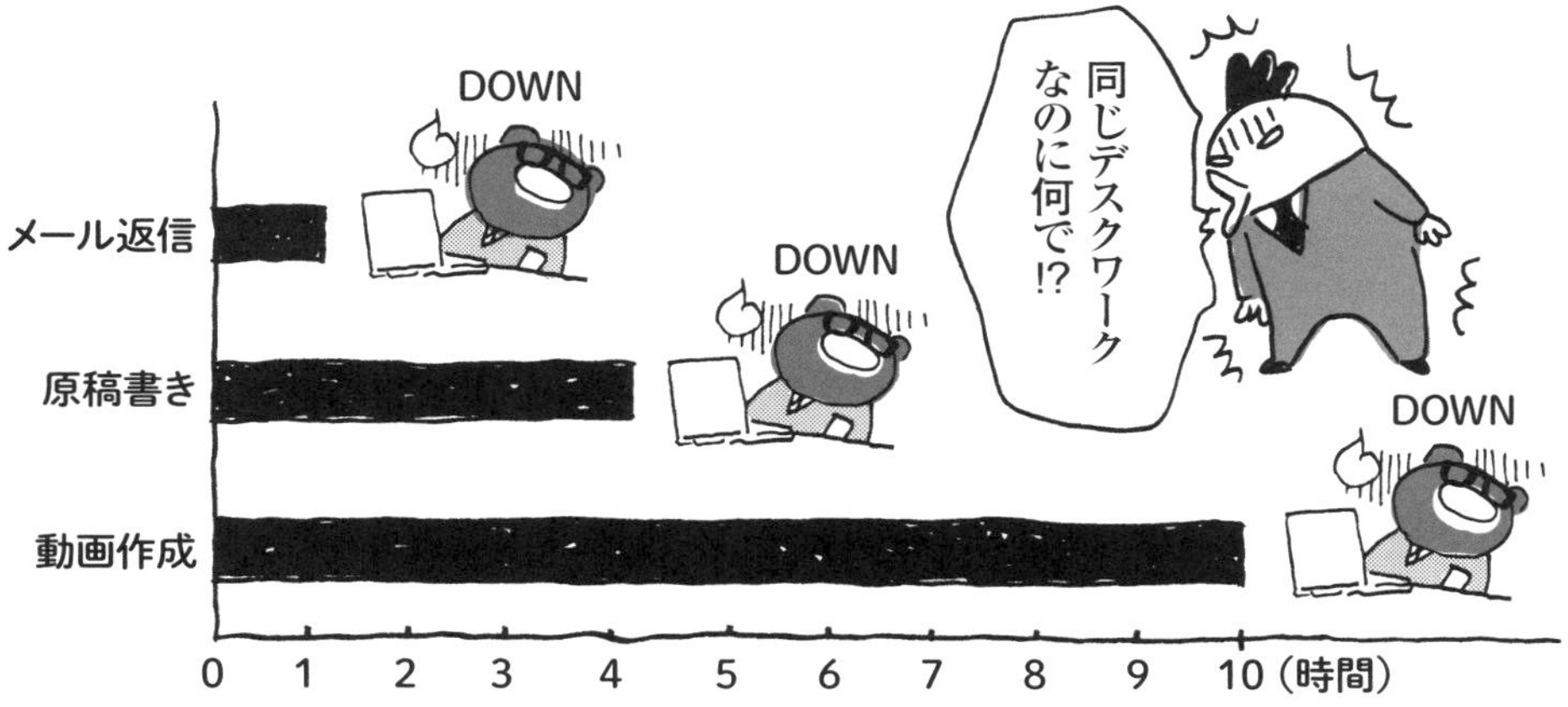

⑥課題による脳疲労の差

　同じような仕事でも持続時間（認知資源の消費量）がまったく異なるのが、当事者理解の難しいところ。ぼくの場合は同じデスクワークでも、メールへの返信作業はまとめて1時間もやれば半日脳が動かないような状況になってしまいますが、集中した原稿執筆で同じ状況になるまでは３～6時間、録画済の動画編集作業ではなんと食事休憩などを入れつつも10時間ほど机にかじりつくことが可能です。すべて同じパソコンに向かっての作業という点では同じですが、**前日10時間動画編集していた人間が翌朝1時間メール対応をしただけでぼんやり**していたら、やはりサボりや気合が入っていないと解釈されてしまうでしょう。

まとめ　当事者三大あるある

復職した当事者にとって、一番苦しいのが、実務上でできないことがあるということよりも、職場のスタッフや取引先の人たちから理解を得られないこと。その苦しさのタイプは、大きく分けて三つあります。

できるのに
できない扱い

高度な仕事（とくに発症前の仕事）ができるポテンシャルが残っているにもかかわらず、環境の調整ができていなかったり周囲の無配慮による妨害があったり未経験のタスクへの挑戦などにつまずく中で「こんな簡単なことができない人にさらに高度な仕事ができるはずはない」と、ポテンシャルを低く見積もられてしまうこと。とくに高度専門職の方に多く見られます。

できないのに
できる扱い

逆に障害が見えないがゆえに、できない仕事をできる扱いされてしまうこと。身体の麻痺がいっさいない当事者は、基本的にこの立ち位置からスタートすると言ってもいいかもしれません。当事者の話では、デスクワークへの復帰度の高さから会議参加や営業活動、社内の管理調整役といった難易度の高い仕事も「できるはず」扱いされて破綻してしまうケースが多いようですが、これは当事者が回復してやれることが増えていく中で「もっと活躍できる、もっと責任のある立場に就かせてあげよう」という周囲の善意の評価がベースにあることも……。

サボってる&
怠けている扱い

「サボっている・怠けている」扱い。当事者にはピンポイントで苦手な業務や疲れのコントロールの困難などがありますが、その不自由度はまったく外から見てわかるものではありません。さらに健常者の感じる疲れの感覚とはあまりにかけ離れているため、理解してもらうのが非常に困難な部分でもあります。残念なことですが、こうした無理解で当事者が責められるケースは、障害者雇用や福祉的就労の場でもよく聞きます。当事者の抱える「脳の疲れやすさ」の理解は、今後もっとも力を入れて啓発していく必要がある部分かもしれません。

ぼくの易疲労対策

- 耳栓、サングラス等で、強い音や光をさえぎる
- 緑の中などそもそも情報量の少ない場所にいることを選ぶ
- 認知資源枯渇後、音楽を聴きながら散歩すると少し回復
- 大変な仕事は前日に現地に入って宿泊
- 仮眠が取れればかなり回復（するのは分かっているが、中断・再開問題が……）
- こまめに休む（といいらしいが休めない）
- 出先で身動きが取れなくなったらトイレの個室にこもる
- ながらスマホの制限（スマホを移動中に見ない・寝室や休憩場所に持ち込まない）
- 日常業務上で探し物を徹底的に減らす工夫（整頓・検索性の強化）をする
- 抱えている課題と解決策等を徹底的にノートに書き出す
- 抱えている不安について、なるべく早く信頼できる相手に聞いてもらう
- 漢方薬に頼る（抑肝散《よくかんさん》）

スズキにとっての

リハビリテーション

「スズキさんにとってもっともよかったリハビリ支援はどのようなものでしたか？」

そう問いかけられることがあるたびに、戸惑います。そもそもぼくは高次脳機能障害としては軽度と診断され、リハビリ医療の手からは早々に（受傷から半年で）離れてしまいましたし、ぼく自身が日常復帰の中で大きな不自由を感じたのも、その機能回復を得ていったのも、そのほとんどはすでに医療から離れたあとのことだったからです。

けれど当事者として確信しているのは、脳機能も筋肉などと同様に、適度な負荷をかけることで機能を取り戻していくということ。それは「回復」（発症前に近くなる）というより「再発達」（発症前とまったく同じではないが、負荷と訓練によって同じことができるようになっていく）というようなイメージです。

そのうえでまず、受傷初期（1～2年程度）におけるその「負荷」とは、特別なものではなく、単に「当たり前の日常を生きる」ことでした。

主にPART 1～2で説明したように、高次脳機能障害の当事者にとっては、健常者にとっては当たり前の日常の場ですら非常に情報過多で、「その場にいるだけ、その場を把握し、その場についていくだけでも精いっぱい」。その精いっぱいとは、脳が必死に環境情報を処理している状況ですから、その場にいるだけでも立派なリハビリ的負荷だと思うのです。

こうして日常生活の中、脳の情報処理速度、注意機能がある程度底上げされてきてからが、ようやくその他の中核症状について目が向く、積極的なアプローチを考えられる時期。そこでぼくにとって有効なリハビリ的負荷だったと思うのは、「仕事」「旅行（外出）」「会話」の三本柱の課題でした。

まず仕事を続けたことで有効だったのは、自身の抱える症状の冷静な切り分けに役立ったこと。というのも、自身が発症前に習熟していた仕事への再挑戦では、もともと自分ができていたのがどのぐらいのレベルなのか、何がどの程度できなくなっているのか等について、他の日常生活上の様々な課題よりも把握が明瞭だったのです（実際、入院中や家庭生活では自身の症状に気づかなかった当事者が、仕事に戻ったとたんに気づきを得るのは非常によくあるケースです）。

そうして自身の何の能力がどの程度損なわれているかを把握したことで、ぼくは自身の失敗や不自由の背景にどんな症状があるのか予測を立て、対策を練って、なんとか「破綻するちょっと手前ぐらいの負荷」を自身にかけ続けることができました。

日常の「その場にいるだけでも精いっぱい」な当事者は、ちょっとした余剰の負荷で破綻してしまいがち。けれどいったん破綻してしまったら課題の遂行もできないしリハビリ的負荷にもならないわけで、この「破綻寸前の負荷」を任意に調整できることは、仕事をリハビリ的課題にする最大のメリットだと思います（もちろんそこには、周囲の理解と協力は必須です）。

二つ目の旅行（外出）については、まず買い物や仕事の移動など「やらなければならない」課題で情報過多な場へ足を向けるのは非常に苦痛を伴う反面、何か出先で楽しいことがあれば、その情報過多な空間に身を置くという課題（そこに居ることだけでリハビリ課題）に積極的に挑めるという点があります。もちろん、目的地への経路や到達時間などを考えて予定を立てることも非常に難易度の高い課題です。

ぼくの場合、受傷後3年目に「8カ月間の週末だけで関東地方の道の駅173カ所をめぐってスタンプを集める」という課題に取り組みました。事前準備として、グーグルマップやナビを駆使して各道の駅の間の移動時間や位置関係を確認し、どの順番で廻ればより効率的なのかを考える。出先での渋滞など突発事態に対応し、リスケジュールする。実際それがどの程度機能回復に寄与したかはわかりませんが、これほど複雑な課題に取り組めたのは好きなことだったからで、同程度のことを仕事や家事でやるのは、到底無理だったでしょう。

最後の会話について。本書では当事者が様々な症状によって上手に会話ができなくなっていることを各所で書いていますが、逆に考えると「会話とは脳の総合的リハビリ課題」と言ってよいと思います。ぼく自身、受傷から3年ほどはあまりの話しづらさや思うように話せなかった失敗経験から、家族や限られた友人以外との会話の機会を徹底的に避けてしまいました。けれど受傷から4年ほどたち、思考速度、聞きとりで残る記憶の量、咄嗟にとれるリアクションのスピードや種類などが回復してきたころからは、できる限り人と会話の機会を増やすように心がけました。

連絡を取っていなかった友人や取引先と会う機会を作ったり、出先でレジの店員さんと雑談を交わしたり、困っている人の相談ごとに乗ったり……。やはり会話はとても負荷の高い課題ですから、それこそたくさん人と話した翌日は猛烈な脳の疲労で起き上がれなくなったこともあります。けれど、この会話への積極性を取り戻したあたりから、様々な症状が一気に緩和していったようにも思うのです。

脳損傷者の機能回復曲線は、受傷半年〜1年ぐらいが大きな回復期でその後は維持期（大きな回復はない）とされますが、ぼく自身のケースでは、仕事や旅行といった課題に挑戦し続けることで会話への再挑戦の土壌をゆっくり作っていき、そしてこの積極的な会話への挑戦のあとにもう一山の回復期があったという印象です。

ということで、発症から8年をまとめると、基本的なリハビリ的負荷は、日常の当たり前の生活や仕事に復帰すること。明確に機能回復を実感した課題は「会話」のみだったというのが、ぼく個人の実感です。

生活期のリハビリテーション

高次脳機能障害になると回復期リハビリテーション病棟に最大で180日間入院できます。その後、外来でのリハビリテーションを受けられる病院やクリニックもありますが、数が多くはないのが現状です。また、医療でのリハビリテーションは身体機能回復中心の内容になることが多く、日々の生活に戻った際に生じる高次脳機能障害に起因する困難への対応があまりなされていないように思います。入院中には目立たなくとも、日々の生活に戻れば、この本に書いてあるような高次脳機能障害が様々な支障をもたらすことがあります。

左の図は東京都の高次脳機能障害者地域支援ハンドブックに記載されている「支援の流れ」です。一番左下の囲みには「生活能力は発症・受傷から半年、1年、3年と年単位でゆるやかに改善していきます」[*1]と説明があります。

この間、多くの方は在宅生活となり、介護保険が使える40歳以上の脳血管障害の方は介護保険サービスや訪問でのサービス（PT・OT・ST・看護師）を利用すると思います。しかし、当事者が「高次脳機能障害を理解し対処するための支援」は介護保険や身体機能向上のサービスには含まれていません。対応する支援スタッフが、「高次脳機能障害を理解し対処できるようになる」ことが必要だとわかっていても、介護保険や訪問リハの仕組みでは取り組むのが難しいのです。

より生活場面に近い環境での訓練として、自立した日常生活または社会生活に向けた訓練「自立訓練」が障害者総合支援法に基づくサービスの1つとして各都道府県で実施されていますが、高次脳機能障害支援に特化された自立訓練サービスの提供は少なく、実施されていたとしても自分の住んでいる地域からは通所が困難なことも少なくありません。

また、一度在宅生活に戻ってしまうと、集団での活動、時間や規則が決まっている活動に抵抗感を感じる方もいます。

家族の介護度を調べた調査では、「自分の障害がわからない」という当事者と外出頻度が少ない当事者の家族の介護負担感が高い[*2]ことがわかっています。つまり、在宅生活を円滑に送るためには当事者が「自分の障害を理解し対処する」ための支援と「家族に対する支援」の両方が必要です。今後はこの二つを充実していく支援制度が求められると思います。【山口】

支援の流れ

復職・就労

＊環境の変化、新たな目標設定などにより
再度このプロセスをたどることもあります。

受傷、発症

- 意識状態の改善
- 生命維持に必要な全身状態の安定化

医療機関によるリハビリテーション

- 主に立つ、座る、歩く、食事、排泄などの基本的な日常生活動作の改善
- 高次脳機能障害の評価および認知機能の改善

在宅生活の再開と安定

安定した生活の継続および生活範囲の拡大に向けた生活能力の向上

- 生活リズムの安定
- 心身の耐久性の向上
- 身の回りの動作の再獲得（トイレ、着替え、入浴など）
- 生活に関する動作の再獲得（買い物、家事、外出、公共交通機関の利用など）
- 生活を管理する力の再獲得（金銭管理、服薬管理、スケジュール管理など）
- 再発防止に配慮した生活習慣を身につける（食事、服薬、休養、通院など）
- コミュニケーションスキルの再獲得
- 自己の障害の特徴を知る
- 代替手段や社会資源を活用する

再び働くための準備

職業生活を継続するために必要なスキルの向上

- 疲れたら休憩を取るなどの対応ができる
- 自己の障害の特徴を理解し、必要なときは周囲に支援を求められる
- 働く体力と持久力がある（一般就労：往復の通勤+4～8時間×5日間）
- 自分だけで通勤できる
- 職場内での行動（移動、食事、トイレ、持ち物の運搬）などの自立
- 自己の障害特性に合わせた代替手段（メモリーノートなど）を活用できる
- 職場のルールに沿った行動ができる
- 職務内容を規定の時間内で行える
- 個々の状態に合わせた働き方を検討する

生活能力は、発症・受傷から半年、1年、3年と年単位でゆるやかに改善していきます。焦らず、ゆっくり少しずつ体験を積み重ねていきましょう。

自分の障害を理解し対処する支援と、家庭に対する支援が不足している

【参考引用文献】
＊1 東京都高次脳機能障害者地域支援ハンドブック　第1章　高次脳機能障害者の相談支援の基本、6ページ
＊2 渡邉修（2018）高次脳機能障害のある方のご家族への「介護負担感」に関する実態調査報告書、9ページ

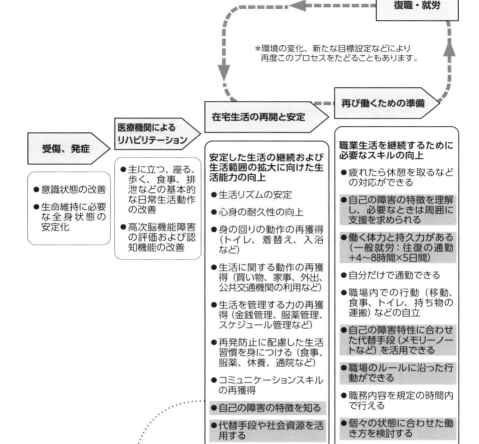

生活期支援という課題

　高次脳機能障害の人は、突然発症して自宅で生活することになり、本人は発症前を基準にして現状を比較するため、「よくなっていない」と考えることがほとんどです。支援者は発症時点を基準にして「よくなっている」と考えますので、両者の現状認識には大きなギャップがあります。そのため、支援者が「よくなっていきます」と言うと、「ほぼ治る」と誤解されることがありますので、私は「変化していきます」と説明するようにしています。

　そして、本人は症状を何とかよくしてもらいたいと医療者に依存する傾向がありますが、脳疾患の特徴から思うようにはいきません。そこで、視点を変えて本人の楽しみや役割などを実現することを提案します。

　例えば「美容室に行けた」「買い物ができた」などの小さいことから「旅行ができた」などの大きなことまであります。このようなとき、本人は「少し自信がついた」と話され、「次、何をしようか」と思いが広がります。また、「話し合いで司会ができた」「体験談が話せた」などが体験できると、「障害のある自分でも役に立つことがある」という実感がわき、前向きになります。このような積み重ねをすると、自ら主体的に行動するようになります。

　支援者は不満を減らすことを優先するかもしれませんが、本人のしたいこと、人の役に立つことを実現することが重要です。【長谷川】

あとがき

——そんなこんなで日々大変な高次脳機能障害ですが…
ここで不思議なことがありました
それは……
悪いんだけどちょっとついてきてくれる?
また?
プーのクマさん
ひとりでは100%失敗すると思われることが
なんでオレなのー? 忙しいのはみんな一緒でしょー?
急遽予定が変わったらしく……
……
なんとかお願いできませんか
受けてもらえてよかったねー
めちゃ助かった——!
オレ一人だったらしどろもどろだった
信頼できる人がそばにいるだけで「やれる!」という現象
…なんでこんなに不案内なの~
資料Bって何~?
これゴミっぽいし捨てるね—
資料Bってコレじゃね?
もーいやっっ
この仕事ぶん投げたい!
ギャアアアアア
大ちゃん落ちつけ—
何があった—
よちよち

ひとりなら絶対
やれなそうなこと
やる気になれない課題に
挑戦できる
マジ ありがとおおおお
なんでそんなに違うんだろうね？
横にいるだけなのに
それはたぶん
ただでさえ少なくなった
脳の処理能力を不安や不満・不快
といった感情（抑制）が圧迫して
本来使える脳のスペックが
大幅に制限されてしまうから
不安
どん！
ということは
どどん！
当事者にとっての
最強の生存戦略とは
信じられる人に
助けを求めること！
HELP ME
……なるほど〜
弱音ってはいてもいーんだ
…じゃ やっぱり自己開示？
ゾロ ゾロ…
脳のスペックが大幅に制限されてしまうから
信じられる人に助けを求めること
不安
どんどん開示して協力を仰いだほうがいいっスよ
ゾロ… ゾロ

じゃ！さっそく試してみます
いってらっしゃーーい
ヨロ
ボロ
ドサー
えっ
……ダメでしたっ……
…バタッ
甘えるなって言われた……
えっ
黙ってたほうがよかった…
えええええー
当事者Aさんの場合
あっボク障害当事者なんで配慮よろしくです!!
えっ…
と言われても…
具体性のいっさいない援助希求=配慮の強要
どう接すれば…
いやいやそんな言いわけされても
当事者Bさんの場合
私のトリセツ持ってきました!!
ご協力よろしくでーす
ドサー
…なんかすごいのきた…
忙しいのにあれ読めってか…
高度&詳細すぎてドン引きされる自己開示

＊強力接着剤の商品名。ここでは注意が固着してしまうことを表現している。

――なるほど そんな感じで 不自由なんですね
うーん
言葉を変えて みたほうが よさそうっスね…
それはたぶん ○○のときと同じ ですよね
そうじゃ なくて…
プロにも 伝わらないのか ～
苦手は わかるんですが 具体的にどうして もらえばいいのかが わかんないです
苦手の理由になってるのは 記憶の部分ですし…
こんな提案を してみたら どうでしょう？
ときには 当事者同士の ピアの場で…
私の場合はコレコレ こういうお願いを してますよ
いーね！
パクったろ
自分の症状と 必要な対応を 他者に伝えるためには トライアルが必要
トライアル期を 経た結果
全集中
やるじゃん
みんな上手に 自己開示してる…
ほっ。。
当事者にとって もっとも苦しいことは 他者に自身の不自由を 理解してもらえないことや 不自由を ないこと扱いされること
え～ 見えな～い
言い訳 してんじゃねー
不自由

そして当事者として
もっとも安定した状態とは
……この脳の仕様で
できることを把握し
工夫と対策を
立てつつ
ときには他者から
助けてもらいながら
生き抜いていこうという
穏やかな諦観の
境地です
受容
結局…
この脳で
やっていく
しかない
んだよなー
フフフ
だよ
だよ
だがしかし!!
もう
いや〜
どした?
ここで問題なのは
高次脳機能障害が
「機能を再獲得していく障害」
ということです
…
…ちょっと前まで
できなかった仕事が
いつの間にできる
ようになったって
気づいたのな?
よかったじゃーん
それで…
追加仕事
受けてみたらな?
みたら?

——じゃあ よろしくお願い します
ハーーイ まかせて ガッテン
もうできる もんねー
とっとっとっと
えーっと まずは… この資料を …
次はこれで …
…?
あれ…
…… ……
トン!
あっ 間違えちゃった …
……
あっ ここも
やり直しか ……
しゅぼっ
ここも ミスってる… …
てかそもそも これって矛盾 してるし…
この品質じゃ 納品できん ……!!
……
じじじじじじじじ
……
当事者は 放っておくと 勝手に自爆する
前よりできるように なったのは確かなん だけど…
キャパや納期設定が わからんくなった …!!
その脳の できる範囲で ゆっくりやればいい って言ってたじゃん

でもでも
回復したら
その分仕事
増やしたいし…
稼ぎたいし
活躍したい!
ぐす
将来不安だしっ!!
ぐす
めんどくせえ……
高次脳機能障害は
ゆるやかに回復していく
障害だけに
当事者人生が本当に
長丁場で複雑です
そして
その回復のステージごとに
他者の協力と理解を
必要とする障害です
穏やかな受容
自己理解の更新
回復の兆候
破綻・自己否定
穏やかな受容
あらためて我々
長期戦でわかりづらい
障害ではありますが
支援職やご家族
周囲の皆様の
ご協力をよろしく
お願いします

あとがきにかえて

「高次脳機能障害はとてもわかりづらい障害。なぜなら個別性が高いから」という言葉をよく聞きます。確かに、発症前に何を得意としていたか、もともとどんな性格だったか、周囲にどんな人がいて、どんな環境で生きているのか、そして本人がどんな課題に挑戦するのか。そうしたことによって、本人が感じる不自由は千差万別です。

けれど当事者として、例えば「気が散る」ではなく「全部の情報が頭に入ってきて、選べない」とか、「忘れっぽいのではなく、頭の中の情報が高速で消えていってしまう」というような基本的な症状には個別性がさほどなく、その症状の「出方・感じ方」が違ってくるのではないかと思っています。

今後必要になってくるのは、より多くの当事者が、自分自身の言葉で自身の不自由を世の中に発信していくことではないかと思います。ぼくは営業職の当事者が、システムエンジニアの当事者が、子育てする親としての当事者が、ぼく以外の様々な課題に取り組む当事者が、どのような不自由に直面するのかを知りません。

それぞれの当事者が自身の言葉で不自由を語りにしていくことは、あとに続く当事者への大きな救いになります。

この本が、それぞれの不自由を語るためのきっかけ作りになってくれることを願います。

なお、ぼく自身は、これほどの不自由を抱えながらも「軽度・中等度」とされる当事者です。軽度の当事者は、軽度であればあるほど一般の健常者の中でもがいて生きていかざるを得ない自助努力の苦しさがありますが、一方で当事者に症状としての病識欠如があって自身の障害に気づくことができなかったり、自分から何かをする発動性が喪失していたり、欲求や情動のコントロールがまったく効かなくなってしまうケースでは、ご家族が本当に苦しい思いをされます。

ただし、そうした当事者さんにも、やはりその基底にはぼくたちと同じような症状と不自由があります。その一端を知っていただけるだけでも、支援する家族の側の理解につながったり、苦しさを軽減できるのではないか。希望的なことではありますが、そう願ってやみません。

最後になりましたが、ぼくにとって最大の理解者かつ支援者である妻、同じく支援する家族でありつつ当事者のわかりづらい症状を可視化してくださったいのうえさきこさん、日々ぼくの自己理解を鍛え上げてくださる山口加代子先生、長谷川幹先生、2年近い進行期間を支えてくださった合同出版の齊藤暁子様に、謝辞をお伝えしたいと思います。

2023年7月　鈴木大介

【著者】

鈴木大介（すずき・だいすけ）

子どもや女性、若者の貧困問題をテーマに『最貧困女子』（幻冬舎）などを代表作とするルポライターだったが、2015年に脳梗塞を発症。その後は高次脳機能障害者としての自身を取材した闘病記『脳が壊れた』『脳は回復する』（いずれも新潮社）や夫婦での障害受容を描いた『されど愛しきお妻様』（講談社）などを出版し、援助職全般向けの指南書『「脳コワ」さん支援ガイド』（医学書院）にて日本医学ジャーナリスト協会賞大賞受賞。

いのうえさきこ

だじゃれと酒を愛する片付けられない漫画家。高次脳機能障害のパートナーとの日々を描いた『私、なんで別れられないんだろう』（秋田書店）、『発達系女子とモラハラ男――傷つけ合うふたりの処方箋』（鈴木との共著、晶文社）などがある。

【解説】

山口加代子（やまぐち・かよこ）

公認心理師・臨床心理士。中央大学大学院・明治学院大学非常勤講師。

日本高次脳機能障害友の会・リハビリテーション心理職会顧問。

著書に『不自由な脳――高次脳機能障害当事者に必要な支援』（鈴木との共著、金剛出版）『高次脳機能障害を生きる――当事者・家族・専門職の語り：夫と妻の心の旅』（ミネルヴァ書房）、『病気のひとのこころ――医療のなかでの心理学：脳にダメージを受けた方たちのこころとその援助』（誠信書房）、『脳の働きに障害を持つ人の理解と支援：高次脳機能障害の当事者』（誠信書房）がある。

長谷川 幹（はせがわ・みき）

医師、世田谷公園前クリニック、一般社団法人日本脳損傷者ケアリング・コミュニティ学会理事長。

2011年に三軒茶屋内科リハビリテーションクリニックを開設、一般社団法人日本脳損傷者ケアリング・コミュニティ学会理事長。

著書に『リハビリ医の妻が脳卒中になった時――発病から復職まで』（共著、日本医事新報社）、『主体性をひきだすリハビリテーション――教科書をぬりかえた障害の人々』（日本医事新報社）、『リハビリ――生きる力を引き出す』（岩波書店）などがある。

組版　Shima.
装幀、本文デザイン　吉崎広明（ベルソグラフィック）

この脳で生きる。脳損傷のスズキさん、今日も全滅

2023年7月30日　第1刷発行

著　者　鈴木大介＋いのうえさきこ
発行者　坂上美樹
発行所　合同出版株式会社
東京都小金井市関野町1-6-10
郵便番号　184-0001
電話　042-401-2930
振替　00180-9-65422
ホームページ　https://www.godo-shuppan.co.jp
印刷・製本　恵友印刷株式会社

■刊行図書リストを無料進呈いたします。
■落丁乱丁の際はお取り換えいたします。

ISBN978-4-7726-1496-2　NDC490　210×148